딥러닝으로 걷는 시계열 예측

파이썬과 케라스, 텐서플로로 주가 예측 실습해보기

딥러닝으로 걷는 시계열 예측

윤영선 지음

파이썬과 케라스,
텐서플로로 주가 예측
실습해보기

인공지능 이론이 세상에 등장한 것은 정보화 시대의 초창기라고 할 수 있다. 그렇지만 인공지능은 다른 최첨단 기술들의 비약적 발전에도 불구하고 한동안 암흑기를 거치기도 했다. 4차 산업 혁명 시대를 맞아 핵심 기술 이론으로 자리를 잡은 인공지능 기술은 공학 분야에서 필수 학문이 되어가고 있다. 이러한 시대적인 요구에 발맞춰줄 수 있는 도서가 출판되어 많은 기대감이 든다. 멀리, 널리, 오랫동안 읽히는 도서로 남기를 기원한다.

숭실사이버대학교 ICT공학과 정보보안전공 주임교수 **신종홍**

UN 세계 보고서 2045에 따르면 삶의 많은 영역이 인공지능으로 대체될 것이라고 한다. 실제로 노인 복지 현장에서도 노인을 돌보는 로봇의 상용화를 기대하는 만큼 인공지능의 파급력은 점점 커질 것으로 예상된다. 인공지능은 100세 시대를 맞아 점점 커질 실버 산업의 영역에서도 선구자의 역할을 할 것이라고 믿는다. 인공지능의 시대에는 그에 맞는 학습 방법도 새롭게 강구되어야 하는데, 그런 의미에서 딥러닝은 시대적 흐름을 반영한 학습 방법으로 대두된다. 인공지능에 관한 저술, 현장 강의, 그리고 사업에서 다양한 경험을 지닌 저자의 딥러닝에 대한 혜안과 접근 방법이 드디어 세상에 알려지게 되어 다행스럽다. 인공지능이라는 새로운 영역에 도전하는 사람들이 이 책을 통하여 시대에 흐름에 편승할 수 있는 지혜를 얻기를 바란다.

숭실사이버대학교 노인복지학과 교수 **김민정**

4차 산업혁명의 핵심 기술, 딥러닝에 쉽고 빠르게 접근하고 싶다면 이 책이 해법이 될 것이다. 복잡한 수학 공식을 동원하지 않고 사이킷 런과 케라스를 중심으로 딥러닝을 쉽게 구현할 수 있도록 만들어진 훌륭한 안내서다.

비트컴퓨터 비트캠프 사업대표 **이영석**

최근 많은 사람들이 전공을 떠나 인공지능 개발 과정에 관심을 가지고 있다. 이러한 환경에서 이 책은 비전공자들도 인공지능에 대해 간단하고 빠르게 학습하고, 인공지능 예측 모델을 만들 수 있는 방법을 제시하며 많은 개발자와 학습자에게 희망을 주고 있다. 다가오는 새로운 인공지능 시대를 조망하기 위한 새로운 나침반으로 이 책을 추천한다.

(주)글로브포인트 대표 **조상용**

어느덧 인공지능 기술은 더이상 먼 미래가 아닌, 우리의 생활 속 깊이 자리잡은 현실의 기술이 되었다. 하지만 이 기술을 처음 접하는 초보자 및 개발자에게는 여전히 쉽지 않고 이해하기 부담스러운 기술임에 틀림없다. 이 책은 인공지능 기술을 습득하고 적용하고자 하는 개발자들에게 더 할 나위 없이 쉽고 훌륭한 지침서가 되리라 확신한다.

(주)테크빌리지 대표 **최동훈**

4차 산업혁명의 대세는 머신러닝, 딥러닝입니다. 알파고가 이를 증명해주었고, 이제 딥러닝에서도 텐서플로, 케라스가 미래 예측을 장악할 것으로 보입니다. 인공지능 빅데이터 시장은 파이썬과 텐서플로, 케라스가 주도할 것이고, 현재 구글은 텐서플로 2.0부터 텐서플로 안에 케라스 API도 포함했습니다.

텐서플로의 문법을 쉽게 만드는 것이 케라스이고, 텐서플로의 거의 모든 기능을 케라스로 구현하고 있는 현재와 같은 상황에서 장차 케라스가 시장을 석권하거나, 텐서플로와 더욱 긴밀한 협조가 진행이 될 것으로 보입니다. 결국 인공지능의 미래는 케라스라고 해도 과언이 아닙니다. 보통 인공지능을 배우는 학생들은 다음과 같은 순서로 공부합니다.

수학, 통계 → 파이썬 → R → 머신러닝 → 텐서플로 → 케라스

6개월짜리 학원들의 경우엔 한 수 더 떠서 R을 배우기 전에 Java 과정까지 집어넣습니다. R과 Java는 엄연히 다른 언어이고, 요즘 인공지능에서는 Java를 몰라도 큰 문제는 없습니다. 그런데 교육 현장에서는 과정을 늘리고 수입 증대를 위해 Java를 끼어넣습니다.

웹 개발자와 데이터 사이언티스트(또는 AI Developer)는 엄연히 다른 직업입니다. 물론, Java를 배운다고 문제될 건 없습니다. 개발을 처음 시작하는 학생들에게 랭귀지에 종속되지 말라는 말을 많이 합니다. 하지만 요즘처럼 급변하는 4차 산업혁명의 시기에는 조금 더 분업되고, 조금 더 빨리 배우고, 조금 더 빨리 사용할 수 있는 언어가 더욱 효율적이지 않을까 생각합니다.

이 책은 독자 여러분들이 딥러닝을 함에 있어, 파이썬에 대한 매우 기초적인 지식을 가지고 있다는 전제하에 진행합니다. 여기서 말하는 파이썬에 대한 기초적인 지식은 파이썬을 한두 번 깔아봤고 입문서의 앞부분을 읽어본 정도로 충분한 수준을 말합니다. 머신러닝 부분은 필요한 부분만 중간중간 삽입했습니다. 주로 사이킷 런이지만, 그리 어렵지는 않습니다. 그리고 곧바로 케라스로 넘어가 인공지능 모델을 구현할 수 있도록 알려드립니다. 이 책은 데이터 사이언티스트가 되기 위한 기초 필독서는 아닙니다. 그보다는, 쉽고 빠르게 배워서 원하는 인공지능 예측 모델을 만들어 정확도(accuracy)를 분석하고 예측(predict)하는 부분에 중점을 두었습니다.

인공지능 모델의 이론적인 부분은 가능한 한 배제했습니다. 필자는 전공자는 아닙니다. 단지 필요와 관심만으로 공부하여 오늘날에 이르렀습니다. 보통 전산 전공이거나 개발자에서 데이터 사이언티스트 쪽으로 이동하는 사람들은 수학 이론을 거꾸로 배우면 됩니다. 소스를 읽고 소스에서 역행해서 수학 공식을 이해하거나 그래도 어려우면 공식을 외우면 됩니다. 이론적인 부분을 중요시하는 분들보다는, 쉽고 빠르게 기법을 익히고 곧바로 사용할 수 있는 실용성을 원하는 분들에게 더 큰 도움이 될 것입니다.

자동차를 운전하는데 자동차 엔진 원리까지 이해할 필요는 없습니다. 엔진의 원리는 몰라도 운전 연습을 많이 하면 베스트 드라이버가 될 수 있습니다. 여러분도 이 책을 통해 인공지능 분야의 베스트 드라이버가 되었으면 합니다.

저자 소개

윤영선

숭실사이버대학교 융합정보보안학과를 졸업하고 숭실대학교에서 학사팀장 및 시스템 관리자를 역임했다. 이후에도 인공지능 분야에 철저히 매진하여 한국정보화진흥원, 기술보증기금, 중소기업벤처진흥공단, 충북혁신도시추진위원회 등에서 지원을 받아 인공지능 전문 기업인 영선에이아이를 창업했다. 현재 인공지능 퀀트 프로그램 및 게임 AI 개발에 힘쓰고 있으며, 인공지능에 대한 오프라인 강의나 유튜브 강좌 등의 활동도 활발히 하고 있다.

컴퓨터에 대한 전문 지식을 많이 보유하지 않은 조건에서 딥러닝 공부를 시작하려는 사람들에겐 분명 도움이 될 책입니다. 실제 업무에서 투자나 주가 분석 능력이 필요한 사람들에게도 강력히 권유해드리며, 책을 읽기 전 파이썬에 대해 어느 정도 기초적인 공부를 하고 본다면 책에서 다루는 실용적인 기법들과 수많은 예제들을 활용하는데 도움이 되리라 생각합니다.

또한, 뒷부분에 실려 있는 삼성전자 주가 예측 모델은 책의 내용을 따라가며 배웠던 지식과 기술을 테스트해볼 수 있는 기회를 제공합니다. 시계열 분석에 관심이 있고, 도전해볼 마음이 있는 사람들에게는 이 책이 개발자로서 빠르게 성장하기 위한 최고의 길잡이가 되어줄 것입니다.

김인규

이 책은 독자가 알고리즘을 이해하고 스스로 방법을 떠올릴 수 있게 함으로써 흥미를 잃지 않고 끝까지 딥러닝에 대해 배울 수 있도록 해줍니다. 개인적으로 좋아하는 출판사인 비제이퍼블릭과 함께 이 책의 베타 리더로 참여하게 되어 영광으로 생각합니다. 진행에 대해서도 세심하게 알려준 점에 대해 감사를 드리며 다음에도 기회가 된다면 또 참여하고 싶습니다.

이경하

딥러닝과 머신러닝 등 인공지능 관련 분야가 현재 각광을 받고 있습니다. 이에 따라 시중에 딥러닝 서적도 많이 출시되고 있지만, 어려운 수식과 높은 진입 장벽으로 초반에 포기해버리는 사람이 많습니다.

그런데 이 책을 읽으면서 느꼈던 점은 진짜 '밑바닥'부터 딥러닝을 알려준다는 것입니다. 수식도 필요한 선에서 최소한으로만 설명하며 소스가 어떠한 의도로 작성한 것인지 독자에게 쉽게 이해시키기 위한 저자의 노력이 엿보였습니다. 특히나 해외 번역서와는 달리 국내 저자가 집필했기 때문에 오역이나 어색한 문장을 통해서 오는 어려움이 없었습니다. 또한 이 책이 '시계열 분석'이라는 타이틀을 달고 있는 만큼 딥러닝 모델을 배우기만 하는 것이 아니라 삼성전자의 주가 예측을 직접 해보는 실습 파트도 다루고 있습니다.

딥러닝 공부를 시작하기로 마음 먹었다면 입문서로 이 책을 적극 추천합니다. 진짜 밑바닥 데이터 수집부터 시작하는 실습을 통해 현실 데이터를 이용한 딥러닝을 직접 경험해보세요!

임혁

금융에서 딥러닝을 활용해보고 싶다면 이 책으로 입문하길 추천합니다. 주가와 같은 시계열 데이터를 딥러닝으로 예측하는 것은 힘든 일이지만, 딥러닝을 금융에 적용한다는 점에서 충분히 의미가 있으며 많은 부분에서 응용이 가능합니다. 금융에 관심이 많고, 데이터 분석을 좋아한다면 이 책에 나온 방법을 따라서 자신만의 금융 예측표를 만들어보길 바랍니다.

장대혁

시중에 출간된 대다수 딥러닝 관련 서적들이 원리에 초점을 맞추고 있다면, 이 책은 딥러닝 모델링을 실무에 최대한 빨리 적용하기 위한 스킬셋을 향상시키는 데 주안점을 두고 있습니다.

책의 전반부에서는 회귀 모델을 중심으로 Sequential, 함수형, 앙상블 형태의 모델링을 집중적으로 다루는데, 약간 느린 감이 들지만 저자가 제시하는 다양한 고민을 가지고 유사한 소스 코드를 반복적으로 구현함으로써 그동안 당연하게 혹은 쉽게 생각했던 개념들을 보다 명확하게 정립할 수 있습니다. 파라미터나 레이어 등을 조작하는 과정에서도 데이터의 모양에 따라 어떠한 모델링을 설계해야 할지 방향을 찾을 수 있게 도와줍니다.

후반부에서는 본격적으로 RNN과 LSTM 모델을 활용하여 시계열 데이터를 분석합니다. 시계열 데이터를 현실에서 마주치면 모델링 자체의 어려움과 시계열적 특성이라는 두 가지 난관에 봉착하게 되는데 이 책의 전반부에서 튼튼히 다진 모델링을 바탕으로 후반부의 시계열 특성을 적용할 수 있으며, 두 마리 토끼를 다 잡을 수 있도록 구성한 점이 이 책의 가장 큰 매력이라 생각합니다.

시계열 분석을 위한 딥러닝 모델 설계 능력을 갖추고 싶거나 최대한 실무에 빠르게 적용하고 싶은 분들은 이 책을 반드시 읽어봤으면 좋겠습니다.

허민

목차

추천사 iv

서문 vi

저자 소개 viii

베타 리더 리뷰 ix

Chapter 01 설치   1

1. 아나콘다 설치 2

2. 파이썬 설치 확인 9

3. Visual Studio Code 설치 11

4. Visual Studio Code 설정 15

5. Hello AI 20

6. 텐서플로, 케라스 설치 23

Chapter 02 딥러닝 시작   29

1. 1에서 10까지 예측 모델 구하기 30

2. 101에서 110까지 구하기 37

3. 딥러닝 케라스의 기본 구조 45

Chapter 03 회귀 모델   47

Chapter 04 회귀 모델의 판별식   53

1. 회귀 모델의 판별식 54

2. 회귀 모델 추가 코딩 57

   1) Validation 추가 57

   2) 데이터 분리 60

   3) train_test_split 65

3. 함수형 모델 69

   1) 1:1 69

   2) 다:다 73

   3) 다:1 76

   4) 1:다 78

Chapter 05 앙상블   83

1. concatenate 84

2. Merge Layer 90

   1) Add 91

   2) Subtract 91

   3) Multiply 92

   4) Average 92

   5) Maximum 92

   6) Minimum 92

   7) Concatenate 93

   8) Dot 93

   9) add 93

   10) subtract 94

   11) multiply 94

   12) average 95

   13) maximum 95

14) minimum 95

15) concatenate 95

16) dot 95

Chapter 06 **회귀 모델 총정리** 97

1. Sequential 모델 99

　　1) Sequential 1:1모델 99

　　2) Sequential 다:다 모델 101

　　3) Sequential 다:1 모델 105

　　4) Sequential 1:다 모델 110

2. 함수형 모델 112

　　1) 함수형 1:1 모델 112

　　2) 함수형 다:다 모델 116

　　3) 함수형 다:1 모델 119

　　4) 함수형 1:다 모델 124

3. 앙상블 및 기타 모델 127

　　1) 앙상블 다:다 모델 127

　　2) 앙상블 다:다 모델2 136

　　3) 앙상블 다:1 모델 145

　　4) 1:다 모델 151

Chapter 07 **RNN** 157

1. RNN이란? 158

2. SimpleRNN 159

3. LSTM 166

4. GRU 169

5. Bidirectional 173

6. LSTM 레이어 연결 177

Chapter 08 케라스 모델의 파라미터들과 기타 기법들 183

1. verbose 184
2. EarlyStopping 189
3. TensorBoard 191
4. 모델의 Save 198
5. 모델의 Load 199

Chapter 09 RNN용 데이터 자르기 205

1. split 함수 만들기(다:1) 206
2. split 함수 만들기 2(다:다) 210
3. split 함수 만들기 3(다입력, 다:1) 213
4. split 함수 만들기 4(다입력, 다:다) 217
5. split 함수 만들기 5(다입력, 다:다 두 번째) 220
6. split_xy 함수 정리 225
  1) split_xy1(다:1) 225
  2) split_xy2(다:다) 226
  3) split_xy3(다입력 다:1) 226
  4) split_xy3(다입력 다:다) 227
  5) split_xy5(다입력, 다:다 두 번째) 228
  6) split_xy5(다입력, 다:다 세 번째) 229

Chapter 10 RNN 모델 정리 231

1. MLP DNN 모델(다:1) 232
2. MLP RNN 모델(다:1) 236
3. MLP RNN 모델(다:다) 242
4. MLP RNN 모델(다입력 다:1) 246
5. MLP DNN 모델(다입력 다:1) 252

6. MLP DNN 모델(다입력 다:다) 257

7. MLP DNN 모델(다입력 다:다) 261

8. RNN 모델(다입력 다:다 두 번째) 266

9. DNN 모델(다입력 다:다 두 번째) 272

10. RNN 모델(다입력 다:다 세 번째) 275

11. DNN 모델(다입력 다:다 세 번째) 280

Chapter 11   **KOSPI200 데이터를 이용한 삼성전자 주가 예측**   **285**

1. 주가 데이터 수집 286

2. 데이터 저장 288

3. pandas를 numpy로 변경 후 저장 291

4. numpy 데이터 불러오기 293

5. DNN 구성하기 294

   1) 데이터 전처리 297

   2) 컴파일 및 훈련, 완성 299

6. LSTM 구성하기 304

7. DNN 앙상블 구현하기 310

8. LSTM 앙상블 구현하기 318

에필로그 327

찾아보기 330

설치

설치

먼저, 딥러닝 개발을 위한 프로그램을 설치해보겠습니다. 설치는 윈도우 환경을 기본으로 설명하겠습니다. 텐서플로(TensorFlow), 케라스(Keras)는 GPU 버전과 CPU 버전이 있지만, 이 책의 소스의 경우 CPU 버전에서도 충분히 진행되므로 프로그램 설치는 CPU 버전에서 진행하도록 하겠습니다. 또한, 이 책의 모든 코드는 다음 주소를 통해 제공됩니다. MacOS나 리눅스 기반 설치 방법도 이 주소를 참고하시기 바랍니다.

https://github.com/bjpublic/deepwalk

1. 아나콘다 설치

딥러닝을 위해 텐서플로와 케라스를 설치해야 합니다. 하지만 그 전에 파이썬(Python)을 설치해야 하고, 그 밖의 부수적인 것들도 설치해야 합니다. 그러나 파이썬부터 하나하나 설치하려면 상당히 번거롭습니다. 그래서 이 책에서는 파이썬이 포함되어 있는 아나콘다 설치를 바로 해보도록 하겠습니다.

인터넷 주소창에 anaconda.com/download라고 칩니다.

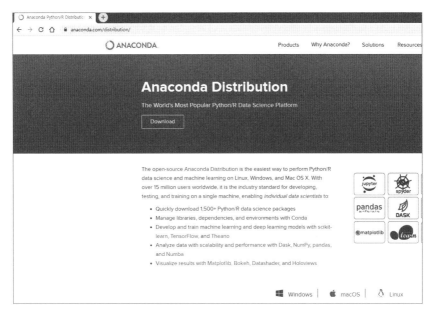

[그림 1-1] 아나콘다 화면

[그림 1-1]의 화면에서 보이는 것처럼 Download를 누릅니다. 'Python 3.7 version' 과 'Python 2.7 version'이 보이면, 이 가운데 3.7 버전을 선택합니다.

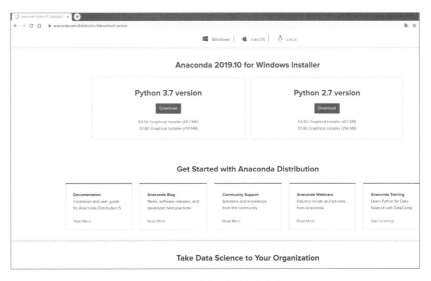

[그림 1-2] 아나콘다 파이썬 설치

'Download'를 클릭하면 알아서 '64bit' 버전이 설치됩니다. 혹시 본인의 컴퓨터가 32bit일 경우 텐서플로 설치 시 오류가 발생할 수 있습니다. 현재 텐서플로 버전은 2.0이고 64bit 시스템 이상에서만 정상 동작하기 때문입니다. 따라서 파이썬 역시 64bit 버전을 설치해야 합니다.

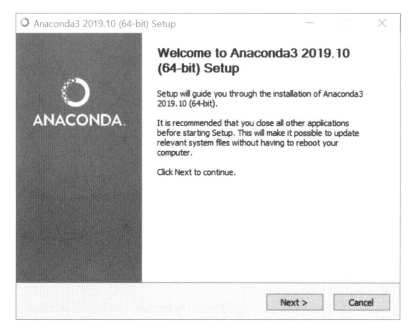

[그림 1-3] 아나콘다 설치 1

아나콘다 64비트 버전을 확인하고, 'Next'를 클릭합니다.

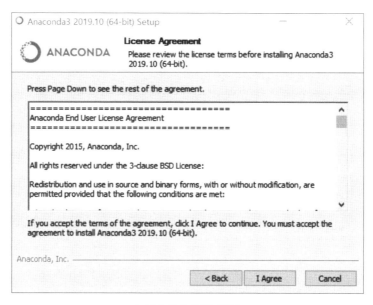

[그림 1-4] 아나콘다 설치 2

'I Agree'를 클릭합니다.

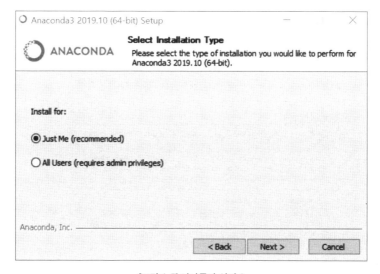

[그림 1-5] 아나콘다 설치 3

'Next'를 클릭합니다.

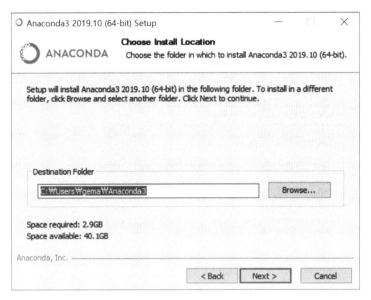

[그림 1-6] 아나콘다 설치 4

아나콘다를 설치할 경로를 잡습니다. 만일, 원하는 폴더가 있어서 별도의 경로를 설정할 거라면 설정한 뒤 경로를 꼭 기억하거나 메모해 두세요. 'Next'를 클릭합니다.

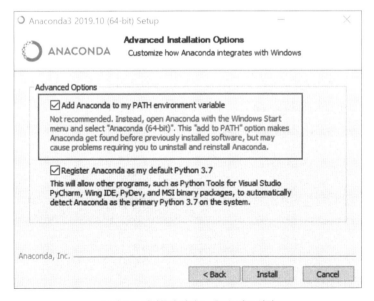

[그림 1-7] 아나콘다 설치 1 - Path 경로 설정

가장 중요한 부분입니다. 2개의 체크박스가 보이는데, 첫 번째 체크박스에는 표시가
되어 있지 않습니다. 이 첫 번째 박스는 아나콘다와 파이썬의 경로를 윈도우 PATH에
추가할 것이냐고 묻는 체크박스입니다. 별도로 환경 변수에 추가하거나 PATH 관리
를 할 게 아니라면 가능한 한 체크하기를 추천합니다. PATH 관리가 가능하여 체크를
하지 않는다면 모두 설치한 후 꼭 PATH에 Python 경로를 추가해야 합니다. 체크 상
태를 확인 후 'Install'을 클릭합니다.

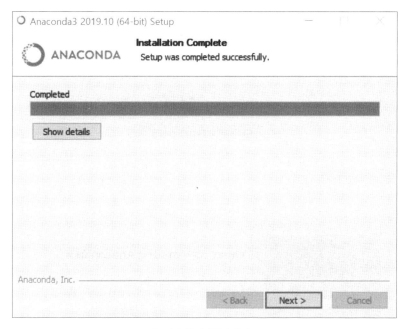

[그림 1-8] 아나콘다 설치 2

설치가 완료되면 'Next'를 클릭합니다.

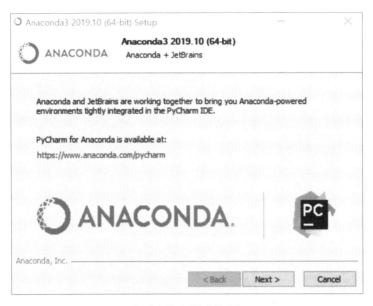

[그림 1-9] 아나콘다 설치 3

'Next'를 클릭합니다.

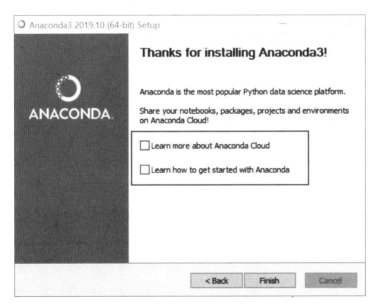

[그림 1-10] 아나콘다 설치 4

마지막으로, 'Learn'이 들어간 2개의 체크박스를 모두 해제하고 'Finish'를 클릭합니다. 이로써 아나콘다 설치가 완료되었습니다.

2. 파이썬 설치 확인

윈도우의 커맨드(command) 창을 열어 파이썬이 잘 설치되었는지 확인합니다.

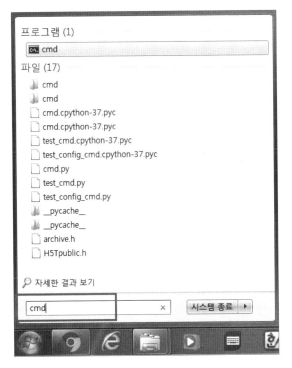

[그림 1-11] cmd 실행

커맨드 창에서 python을 실행하고 버전을 확인합니다. 필자의 커맨드 창은 독자 여러분들의 이해를 돕기 위해 바탕색을 검정색에서 흰색으로 바꿨습니다.

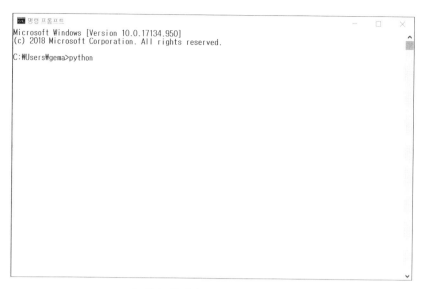

[그림 1-12] 커맨드 창에서 파이썬 실행

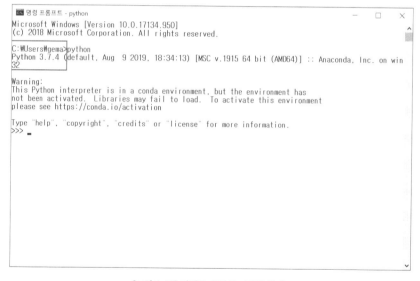

[그림 1-13] 커맨드 창에서 파이썬 확인

파이썬 3.7.4 버전임을 확인할 수 있습니다. 여기까지 정상 실행이 된다면 커맨드 창을 닫고 다음 설치를 진행합니다.

3. Visual Studio Code 설치

비주얼 스튜디오 코드(Visual Studio Code)는 비주얼 스튜디오의 라이트 버전입니다. 기존 비주얼 스튜디오의 단점은 너무 무겁다는 것이었습니다. 그러나 비주얼 스튜디오 코드는 매우 가볍습니다. 그리고 확장성이 상당히 좋아서 여러 가지 언어에서 사용할 수 있습니다. 특히 파이썬 같은 경우 매우 활용성이 좋습니다.

인터넷 주소창을 열고 code.visualstudio.com으로 들어가서 'Download for Windows'를 클릭합니다.

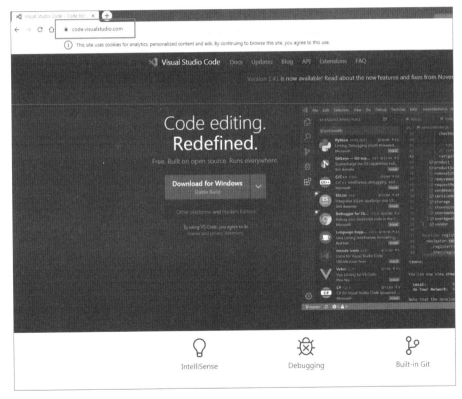

[그림 1-14] 비주얼 스튜디오 코드 설치 1

사용권 계약에 동의 후 '다음'을 클릭합니다.

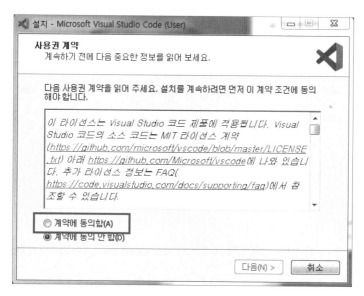

[그림 1-15] 비주얼 스튜디오 코드 설치 2

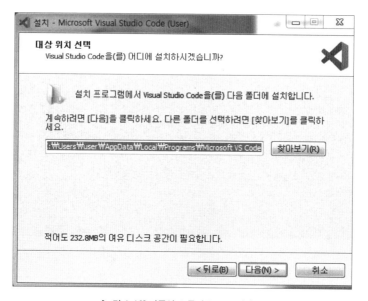

[그림 1-16] 비주얼 스튜디오 코드 설치 3

경로는 기본 경로로 하고, '다음'을 클릭합니다.

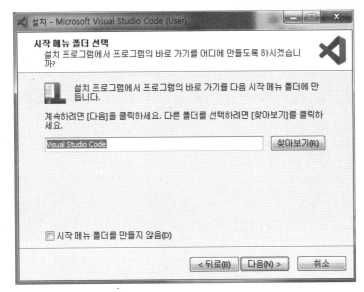

[그림 1-17] 비주얼 스튜디오 코드 설치 4

'다음'을 클릭합니다.

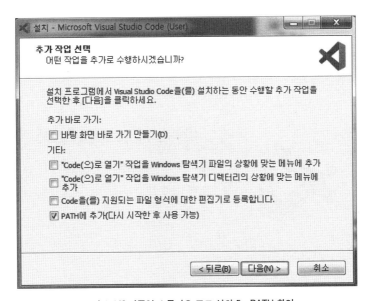

[그림 1-18] 비주얼 스튜디오 코드 설치 5 - PATH 확인

PATH 추가는 필수입니다. 나머지는 개인 취향에 맞춰서 체크를 결정하면 됩니다.

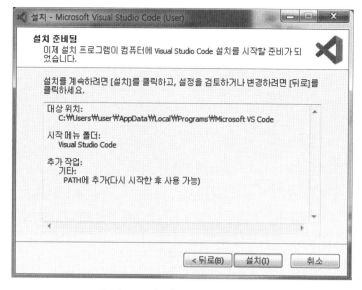

[그림 1-19] 비주얼 스튜디오 코드 설치 6

'설치'를 클릭합니다

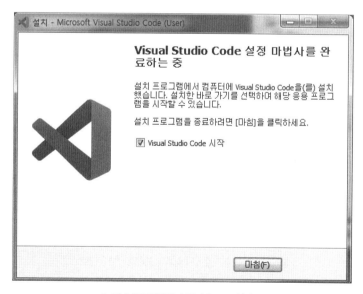

[그림 1-20] 비주얼 스튜디오 코드 설치 7

[그림 1-20]과 같이 'Visual Studio Code 시작'을 체크하고 '마침'을 눌러 마무리합니다. 이제, 비주얼 스튜디오 코드의 설치가 완료됐습니다. 계속해서 설정을 진행해 보겠습니다.

4. Visual Studio Code 설정

Visual Studio Code를 실행하면 비주얼 스튜디오 코드의 초기 화면이 뜹니다.

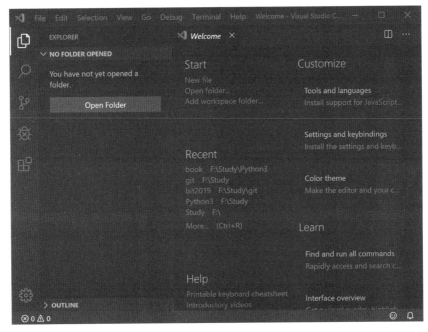

[그림 1-21] 비주얼 스튜디오 코드 - 초기 화면

먼저, 독자 여러분들의 이해를 돕기 위해 편의상 비주얼 스튜디오의 바탕색을 밝게 만들겠습니다. 상단 메뉴의 'File - Preferences - Color Theme'를 클릭합니다.

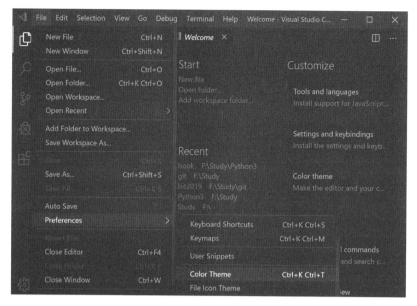

[그림 1-22] 비주얼 스튜디오 코드 - 바탕색 변경

기본값은 Dark+ (default dark)입니다. Light+ (default light)로 변경하겠습니다. 바탕색 바꾸기를 꼭 할 필요는 없습니다. 비주얼 스튜디오 코드에 익숙해진 후에 바탕색을 변경하는 방법 정도만 알고 있으면 됩니다.

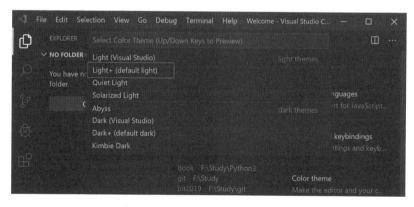

[그림 1-23] 비주얼 스튜디오 코드 - 바탕색 변경 전

이제 화면이 밝게 바뀌었습니다.

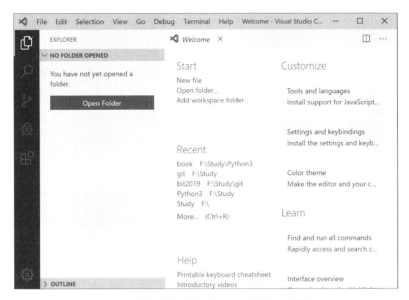

[그림 1-24] 비주얼 스튜디오 코드 - 바탕색 변경 완료

이제 비주얼 스튜디오 코드에 파이썬을 연결해보겠습니다. 왼쪽에 보이는 큰 아이콘 중 'Extensions'를 클릭합니다.

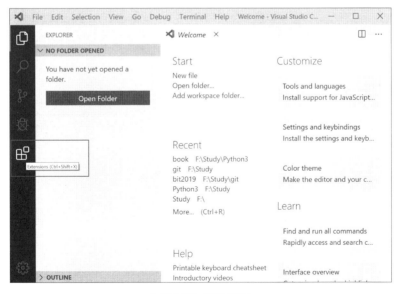

[그림 1-25] 파이썬 연결 1

다음 이미지처럼 확장할 수 있는 이미지들이 쭉 나옵니다.

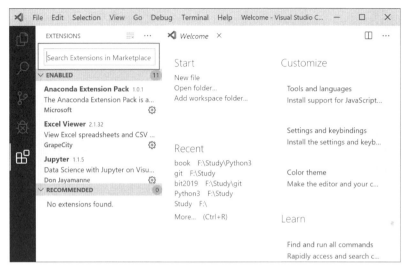

[그림 1-26] 파이썬 연결 2

Python을 입력하면 Python에 관련된 Install API들이 쭉 나옵니다. 그중 위에서부터
차례대로 4개를 클릭해줍니다.

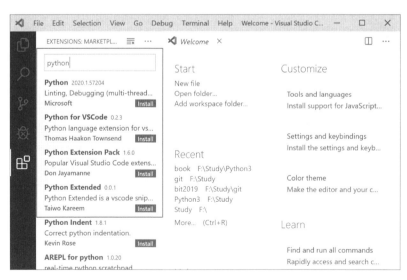

[그림 1-27] 파이썬 연결 3

네 개를 설치했으면, 한국어 패치를 위해 Extension 창에 'korea'를 입력합니다.

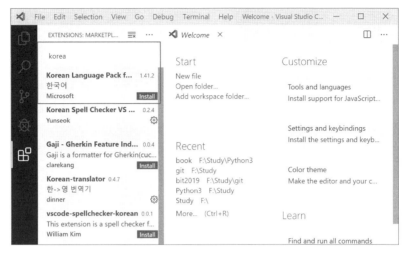

[그림 1-28] 한국어 패치 1

Install을 완료하면 하단에 'Restart Now'를 확인할 수 있는데, 클릭하여 'Restart'합니다. 창이 뜨지 않는다면 비주얼 스튜디오 코드를 껐다가 다시 켜줍니다.

[그림 1-29] 한국어 패치 2

메뉴가 한국어로 설정이 되면 설치가 잘 된 것입니다.

5. Hello AI

앞으로 우리가 작업할 작업 폴더를 지정합니다. 비주얼 스튜디오 코드를 실행해서
'폴더 열기'를 클릭한 후 앞으로 작업할 기존 폴더를 지정하든가 아니면 새 폴더를 만
들어서 작업할 폴더를 지정합니다. 필자의 경우 F드라이브에 'deepstudy'라는 폴더
를 새로 만들었습니다.

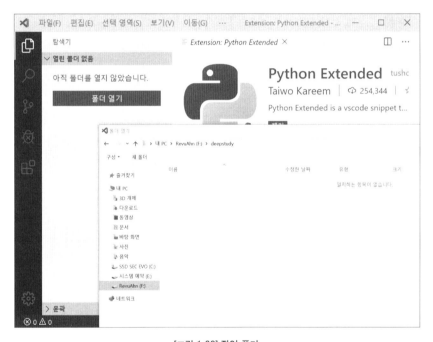

[그림 1-30] 작업 폴더

새 파일을 만들어줍니다.

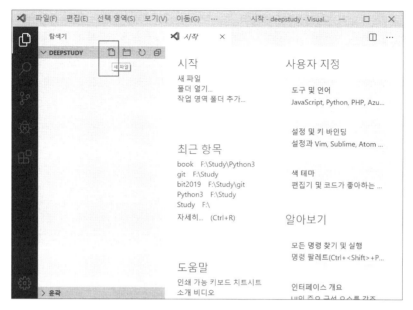

[그림 1-31] 새 파일

파일명을 'helloAI.py'라고 쓰고 엔터 키를 눌러 파일을 생성합니다.

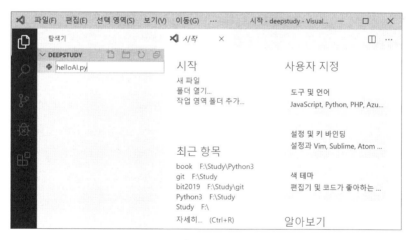

[그림 1-32] helloAI

print문을 코딩합니다.

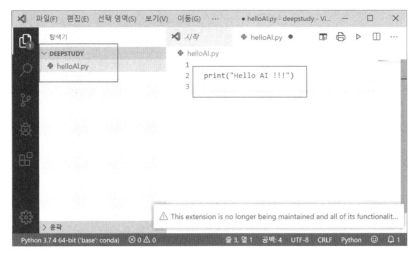

[그림 1-33] HelloAI

실행을 합니다. 단축키로 'Ctrl + F5' 키를 동시에 눌러 소스를 실행합니다. [그림 1-34]
와 같이 정상적으로 "Hello AI"가 출력이 잘 되었다면 정상적으로 설치와 설정이 완
료된 것입니다.

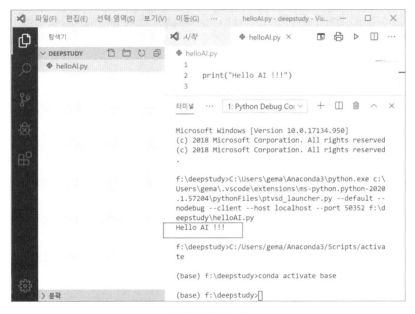

[그림 1-34] HelloAI

6. 텐서플로, 케라스 설치

커맨드 창(cmd)을 열어서 'pip install tensorflow'라고 타이핑하여 텐서플로를 설치합니다.

[그림 1-35] 텐서플로 설치 1

```
명령 프롬프트                                                                      —  □  ×
.>=0.4.1->tensorboard<2.2.0,>=2.1.0->tensorflow) (1.3.0)
Requirement already satisfied: cachetools<5.0,>=2.0.0 in e:\anaconda3\lib\site-packages (from google-auth<2,>=1.6.3->ten
sorboard<2.2.0,>=2.1.0->tensorflow) (4.0.0)
Requirement already satisfied: pyasn1-modules>=0.2.1 in e:\anaconda3\lib\site-packages (from google-auth<2,>=1.6.3->tens
orboard<2.2.0,>=2.1.0->tensorflow) (0.2.8)
Requirement already satisfied: rsa<4.1,>=3.1.4 in e:\anaconda3\lib\site-packages (from google-auth<2,>=1.6.3->tensorboar
d<2.2.0,>=2.1.0->tensorflow) (4.0)
Requirement already satisfied: chardet<3.1.0,>=3.0.2 in e:\anaconda3\lib\site-packages (from requests<3,>=2.21.0->tensor
board<2.2.0,>=2.1.0->tensorflow) (3.0.4)
Requirement already satisfied: urllib3!=1.25.0,!=1.25.1,<1.26,>=1.21.1 in e:\anaconda3\lib\site-packages (from requests<
3,>=2.21.0->tensorboard<2.2.0,>=2.1.0->tensorflow) (1.22)
Requirement already satisfied: certifi>=2017.4.17 in e:\anaconda3\lib\site-packages (from requests<3,>=2.21.0->tensorboa
rd<2.2.0,>=2.1.0->tensorflow) (2018.4.16)
Requirement already satisfied: idna<2.9,>=2.5 in e:\anaconda3\lib\site-packages (from requests<3,>=2.21.0->tensorboard<2
.2.0,>=2.1.0->tensorflow) (2.6)
Requirement already satisfied: oauthlib>=3.0.0 in e:\anaconda3\lib\site-packages (from requests-oauthlib>=0.7.0->google-
auth-oauthlib<0.5,>=0.4.1->tensorboard<2.2.0,>=2.1.0->tensorflow) (3.1.0)
Requirement already satisfied: pyasn1<0.5.0,>=0.4.6 in e:\anaconda3\lib\site-packages (from pyasn1-modules>=0.2.1->googl
e-auth<2,>=1.6.3->tensorboard<2.2.0,>=2.1.0->tensorflow) (0.4.8)
Installing collected packages: keras-applications, tensorflow
  Attempting uninstall: keras-applications
    Found existing installation: Keras-Applications 1.0.6
    Uninstalling Keras-Applications-1.0.6:
      Successfully uninstalled Keras-Applications-1.0.6
Successfully installed keras-applications-1.0.8 tensorflow-2.1.0

C:\Users\gema>
```

[그림 1-36] 텐서플로 설치 확인 2

이제 케라스를 설치하겠습니다. 케라스는 텐서플로에서 백엔드(backend)로 돌아가는 딥러닝 API입니다. 현재 텐서플로 2.0부터는 텐서플로 안에 포함되었습니다. 'pip install keras'라고 입력한 다음 엔터 키를 눌러 실행합니다.

[그림 1-37] 케라스 설치

[그림 1-38] 케라스 설치 확인

Successfully가 뜨는 것을 보니, 정상적으로 설치가 된 것 같습니다. 그렇다면 이제 설치가 잘 되었는지 확인해보겠습니다. 커맨드 창에서 'pip list'라고 입력한 다음 엔터 키를 누릅니다.

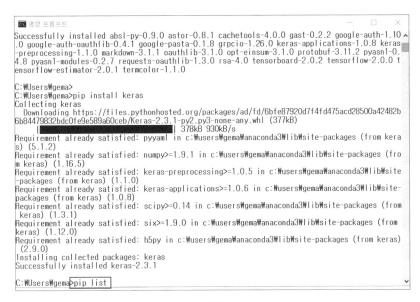

[그림 1-39] pip list

설치 목록을 확인합니다.

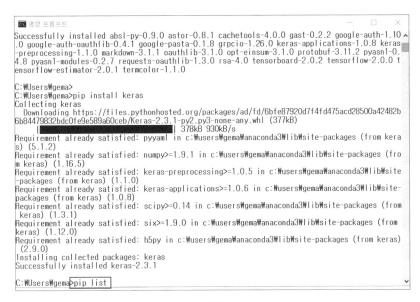

[그림 1-40] 케라스 설치 확인

```
선택 명령 프롬프트                                                    —   □   ×
tblib                         1.4.0
tensorboard                   2.0.2
tensorflow                    2.0.0
tensorflow-estimator          2.0.1
termcolor                     1.1.0
terminado                     0.8.2
testpath                      0.4.2
toolz                         0.10.0
tornado                       6.0.3
tqdm                          4.36.1
traitlets                     4.3.3
unicodecsv                    0.14.1
urllib3                       1.24.2
wcwidth                       0.1.7
webencodings                  0.5.1
Werkzeug                      0.16.0
wheel                         0.33.6
widgetsnbextension            3.5.1
win-inet-pton                 1.1.0
win-unicode-console           0.5
wincertstore                  0.2
wrapt                         1.11.2
xlrd                          1.2.0
XlsxWriter                    1.2.1
xlwings                       0.15.10
xlwt                          1.3.0
zict                          1.0.0
zipp                          0.6.0

C:\Users\gema>
```

[그림 1-41] 텐서플로 설치 확인

정상적으로 설치가 된 것 같습니다. 이제 비주얼 스튜디오에서 확인해보도록 하겠습니다. 비주얼 스튜디오를 켜고 'test0001.py'로 새 파일을 만든 뒤 다음과 같이 코딩하겠습니다.

```
import tensorflow as tf
import keras

print("tensorflow : ", tf.__version__)
print("keras : ", keras.__version__)
```

[그림 1-42] 설치 및 버전 확인

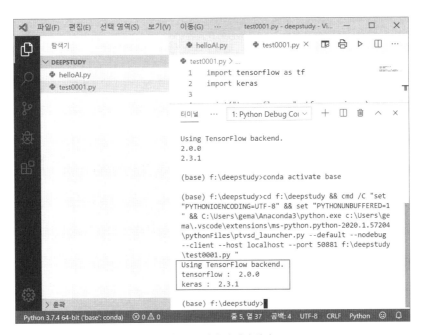

[그림 1-43] 설치 및 버전 확인

텐서플로는 2.0, 케라스는 2.3.1 버전이 정상적으로 설치가 되었다는 것을 확인할 수 있습니다. 또한, 텐서플로가 백엔드에서 사용 중이라는 메시지가 뜨는 것도 확인할 수 있습니다.

이렇게 해서 모든 설치를 마치겠습니다. 이 책에 있는 예제는 CPU 버전의 텐서플로에서도 충분히 작동이 잘 되므로, 텐서플로 GPU 버전 설치는 따로 다루지 않습니다. 이제 딥러닝 모델을 만들 수 있는 모든 환경이 준비되었습니다. 다음 장부터는 인공지능 개발 코딩에 들어가보도록 하겠습니다.

딥러닝 시작

딥러닝 시작

1. 1에서 10까지 예측 모델 구하기

우선 가장 간단한 예측 모델부터 시작해보겠습니다. 1에서 10까지의 데이터가 주어졌을 때 답이 1에서 10이 나오도록 컴퓨터를 학습시키고, 이 학습 결과로 다른 임의의 값을 주었을 때 컴퓨터가 답을 예측할 수 있는 모델을 만드는 것입니다.

우선 입력값 x의 데이터를 만듭니다. 데이터를 넣기 위한 배열은 넘파이(numpy)를 사용합니다. 넘파이를 사용하면 과학적 계산 등 파이썬과 머신러닝, 딥러닝 등을 사용할 때 매우 편리하며 필수적이라고 할 수 있습니다. 그러나 이 책은 넘파이만을 다루고 있지는 않으므로 넘파이에 대한 자세한 설명은 생략하겠습니다. 하지만 코딩을 따라하다 보면 리스트, 배열 등과 상당히 유사하며 훨씬 사용하기 쉽다는 것을 알 수 있습니다.

```
import numpy as np
# 데이터 생성
x = np.array([1,2,3,4,5,6,7,8,9,10])
```

결괏값이 들어가는 y 데이터를 준비합니다.

```
y = np.array([1,2,3,4,5,6,7,8,9,10])
```

컴퓨터에 1을 입력하면 1이 출력되고, 2를 입력하면 2가 출력되고… 10을 입력하면 10이 출력되는 구조입니다. 이것을 컴퓨터에 학습시킵니다. 머신러닝에서는 보통 '트레이닝'시킨다고 합니다.

위 구조를 수학식으로 풀어본다면, y = ax + b라는 식으로 설명할 수 있습니다. 익숙한 수식이라고 느낄 겁니다. 학창 시절에 배운 '1차 함수'입니다. 딥러닝은 어렵게 느껴지지만, 1차 함수를 기준으로 삼습니다. 1차 함수로 모든 것이 해결되고, 설명됩니다. 딥러닝에서는 위 수식을 아래와 같이 약간 다르게 표현합니다.

```
y = wx + b
h(x) = wx + b
```

a만 w로 바꿨습니다. a는 보통 기울기라고 합니다. 딥러닝을 할 때는 보통 w라고 표시하면서 'weight'라고 읽습니다. b는 그대로 'bias', h는 'hypothesis'라고 읽고 가설이라고 이해합니다. 딥러닝은 예측을 하기 위한 것이기 때문에 hypothesis라는 단어를 사용한 듯합니다.

결국 딥러닝은 우리가 빅데이터 등으로 준비한 x값(입력값)과 y값(결괏값)을 가지고 컴퓨터에 훈련(train)을 시켜서 w값(weight, 가중치)과 b값(bias, 절편)을 구하는 행위의 반복입니다. 이때 컴퓨터는 한 가지 값을 더 제공하게 되는데, 이것이 Cost(비용)입니다. 비용인 Cost 값은 낮을수록 좋습니다. 이후 정확한 값이 예측되었는지 확인하기 위해 'accuracy'와 'predict'를 사용합니다. 딥러닝은 결국 1차 함수라는 사실만 명심하세요.

다시 본 소스로 돌아가서, 우리는 x값 y값의 데이터를 갖추었고 이 데이터를 사용하기 위한 넘파이를 import했습니다. 이제 바로 딥러닝으로 들어갑니다. 우리는 딥러닝에서 가장 쉬운 케라스를 사용합니다. 보통 텐서플로를 먼저 익힌 다음 케라스를 배운다고들 하는데, 쉬운 케라스부터 시작해도 됩니다. 언어가 선행해야 한다는 개념은 필수라기보다는 선택이라는 뜻입니다.

파이썬에 케라스 코드를 넣기란 어렵지 않습니다.

```
from keras.models import Sequential,
from keras.layers import Dense
```

다음 코드들을 추가해줍니다. 이로써 우리 코드에는 x와 y 데이터를 준비했고, 이를 사용할 수 있는 넘파이를 import했으며, 케라스를 사용할 수 있는 환경을 구축했습니다.

현재까지의 전체 소스입니다. 물론 현재 소스는 실행해도 출력은 되지 않습니다.

```
import numpy as np
# 데이터 생성
x = np.array([1,2,3,4,5,6,7,8,9,10])
y = np.array([1,2,3,4,5,6,7,8,9,10])

from keras.models import Sequential,
from keras.layers import Dense
```

이제 본격적으로 딥러닝 모델을 구성하겠습니다. 위 1차 함수 모델은 보통 '회귀모델' 이라고 합니다. 케라스의 순차적 모델로 코딩을 해보겠습니다.

```
model = Sequential()
model.add(Dense(1, input_dim=1, activation='relu'))
```

딥러닝 모델이 완성되었습니다. 매우 간단합니다.

```
model = Sequential()
```

딥러닝 모델을 순차적 구성으로 하겠다는 뜻입니다.

```
model.add(Dense(1, input_dim=1)
```

순차적 구성 모델에 Dense 레이어(layer)를 추가하겠다는 의미입니다. 딥러닝의 딥은 말 그대로 'deep'입니다. 인간의 뇌와 신경망을 연구하던 연구자들이 뉴런들이 [그림 2-1]과 같이 연결되어 있다는 사실을 알아냈고, 이러한 구조를 응용해서 딥러닝이 탄생하게 되었습니다.

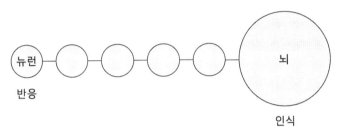

[그림 2-1] 뉴런

딥러닝은 보통 [그림 2-2]와 같은 방식으로 도식화되어 있습니다.

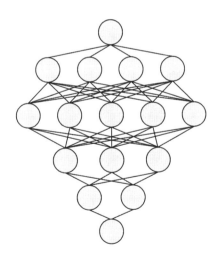

[그림 2-2] 신경망

동그란 부분을 '노드(node)'라고 하고 각 층을 '레이어(layer)'라고 합니다. 일반적으로 노드가 많고, 레이어가 깊을수록(deep) 더 잘 훈련을 한다고 합니다. 하지만 어느 정도 훈련이 되면 중복 등의 문제로 인하여 훈련도가 오히려 떨어지는 경우도 발생합니다. 결국 인간은 딥러닝을 한다면 데이터를 준비할 때 x값과 y값을 준비하면 되고, 모델을 생성할 때는 얼마나 많은 레이어와 노드를 준비할 것인지에 대해 설계해야 합니다. 인공지능이면 무엇이든 다 될 것 같이 홍보하는 게 현실이지만, 실은 인공지능을 개발하는 사람이 신경망을 일일이 만들어내는 것이 현실입니다. TV나 매체에서 이야기하듯이 뭐든지 다 될 것처럼 보이지만, 사람의 손이 가는 부분이 많아서 여전히 개발의 가능성이 충분한 시장인 셈입니다.

딥러닝 모델을 실행시키기에 앞서, 머신이 이해할 수 있도록 컴파일합니다.

```
model.compile(loss='mean_squared_error',optimizer='adam',
              metrics=['accuracy'])
```

컴파일할 때는 머신이 어떤 방식으로 모델을 돌릴 것인지에 대해 지정해줍니다.

1. **loss**: 손실 함수는 어떤 것을 사용할 것인가?

   mean_squared_error 평균제곱법을 사용하겠다.

2. **optimizer**: 최적화 함수는?

   adam 옵티마이저를 사용하겠다.

3. **metrics**: 어떤 방식?

   accuracy(정확도)로 판정하겠다.

위와 같은 옵션으로 컴파일합니다. 위 옵션들에 대한 세부 명세는 뒤에서 다시 한 번 정리하도록 하겠습니다. 이제, 우리가 만든 모델을 실행시키겠습니다.

```
model.fit(x, y, epochs= 500, batch_size=1)
```

```
loss, acc = model.evaluate(x, y, batch_size=1)

print("loss : ", loss)
print("acc : ", acc)
```

이제 드디어 우리가 만든 딥러닝 모델을 실행하겠습니다. 케라스의 모델 실행은 'fit' 입니다. 그리고 fit 안에 어떤 데이터를 실행할지 x값과 y값을 넣어주고, 몇 번을 훈련 시킬지에 대해 epoch에 값을 넣어줍니다. epoch=500이므로 총 500번을 훈련하게 됩니다.

batch_size는 몇 개씩 끊어서 작업을 할 것인가를 의미합니다. 10개의 데이터를 1개 씩 잘라서 작업하게 되므로, 1씩입니다. batch_size를 크게 잡을 경우 속도가 빨라지 지만 정확도가 떨어질 수 있고, 작게 잡을 경우 속도가 떨어지지만 정확도는 올라갈 수 있습니다. 물론, 너무 많은 데이터에 너무 작은 bath_size를 줄 경우에는 오히려 정확도가 더 떨어질 수 있습니다. 앞으로 나오게 될 overfiting(과적합)의 영향 때문 일 수 있습니다.

evaluate는 최종 결과에 대한 평가입니다. evaluate의 반환은 loss와 acc가 반환되 고, loss는 작을수록 좋고, acc는 1에 가까울수록 좋습니다. 자, 이제 전체 소스를 확 인해보도록 하겠습니다.

```
import numpy as np
# 데이터 생성
x = np.array([1,2,3,4,5,6,7,8,9,10])
y = np.array([1,2,3,4,5,6,7,8,9,10])

from keras.models import Sequential
from keras.layers import Dense

model = Sequential()
model.add(Dense(1, input_dim=1, activation='relu'))

model.compile(loss='mean_squared_error',optimizer='adam',
```

```
metrics=['accuracy'])

model.fit(x, y, epochs= 500, batch_size=1)

loss, acc = model.evaluate(x, y, batch_size=1)

print("loss : ", loss)
print("acc : ", acc)
```

지금까지 1에서 10까지의 훈련 모델을 만드는 방법에 대해 설명했습니다. 설명은 다소 길었지만, 나온 소스는 보는 바와 같이 간단합니다. 한 번 실행해보겠습니다. 비주얼 스튜디오 코드의 실행 명령은 'Ctrl + F5'입니다[참고로 주피터 노트북(jupyter notebook)의 실행 명령은 'Ctrl + Enter'입니다]. 실행이 잘 되고 있습니다.

```
Epoch 499/500
 1/10 [==>..........................] - ETA: 0s -
10/10 [==============================] - 0s 1ms/step - loss: 2.2907e-04 -
accuracy: 1.0000
Epoch 500/500
 1/10 [==>..........................] - ETA: 0s -
10/10 [==============================] - 0s 1ms/step - loss: 2.2189e-04 -
accuracy: 1.0000
10/10 [==============================] - 0s 2ms/step
loss :   0.00021785221372283559
acc :   1.0
```

최종 결과입니다. loss는 0.0002가 나왔고, acc는 1.0(100%)입니다. 머신은 이 모델로 완벽하게 훈련을 한 것 같습니다.

2. 101에서 110까지 구하기

이번에는 앞에서 구현한 1에서 10까지의 모델을 응용하여, 101에서 110까지 구하기 모델을 만들어 보겠습니다. 위 모델은 간단히 1에서 10까지의 입력값과 1에서 10까지의 출력값을 통해 머신에게 훈련을 시켰습니다. 딥러닝의 레이어도 1단계만 거치는 가장 간단한 단계였고, 그러다 보니 오히려 acc가 1.0이 나온 것이 타당한 일일 수도 있습니다.

먼저, 데이터를 구성합니다. 머신에게 훈련시킬 데이터와 판정할 데이터를 분리합니다. 훈련시킬 데이터는 지난 예제에서 사용한 데이터를 사용합니다. 편의상 훈련용 데이터는 x_train, y_train으로 정의하고, 평가용 데이터는 x_test, y_test로 정의합니다. import할 케라스 api는 상단에 기술해줍니다.

```
from keras.models import Sequential
from keras.layers import Dense
import numpy as np

x_train = np.array([1,2,3,4,5,6,7,8,9,10])
y_train = np.array([1,2,3,4,5,6,7,8,9,10])
x_test = np.array([101,102,103,104,105,106,107,108,109,110])
y_test = np.array([101,102,103,104,105,106,107,108,109,110])
```

데이터가 준비되었습니다. 이제 모델을 구성합니다. 첫 번째 예제에서는 모델 구성을 간단하게 1개의 입력값과 1개의 출력값을 가진 매우 간단한 딥러닝으로 구성했습니다. 이번에는 레이어를 몇 단으로 구성해보도록 하겠습니다.

```
model = Sequential()
model.add(Dense(5, input_dim =1 , activation='relu'))
model.add(Dense(3))
model.add(Dense(1, activatiown='relu'))
```

첫 번째 예제와 다르게 두 줄이 더 추가되었습니다. 위 모델을 도식화해보면 다음과 같습니다.

```
model.summary()
```

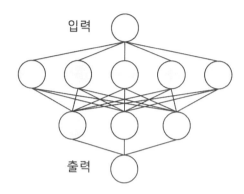

[그림 2-3] summary 이해

위 코드에서 'input_dim=1'은 1개의 입력을 의미합니다. 우리는 x_train으로 1개의 컬럼 데이터를 입력하므로 input_dim = 1이라고 표현합니다. 그리고 "Dense(5, " 이는 출력 개수를 의미합니다. 따라서 model.add(Dense(5, input_dim =1, activation='relu')) 라인이 의미하는 것은 1개의 입력으로 5개의 노드로 출력하겠다는 의미입니다.

딥러닝 케라스를 코딩하면서 모델링을 할 경우, 첫 라인에 입력과 출력의 수를 표현해주고 두 번째 라인부터는 출력만 표현해주면 됩니다. 그 다음 라인에는 "model. add(Dense(3))"으로 표현하고 있는데, 이는 그 윗줄에서 5개의 출력이 이 라인에서 5개의 입력이 되고, 5개의 입력이 다시 3개의 노드로 출력된다는 뜻입니다. 마찬가지로 마지막 줄인 "model.add(Dense(1, activation='relu'))"는 3개의 입력을 받아 1개로 출력하겠다는 뜻입니다.

지금까지 모델을 구성해보았습니다. 이제는 이 모델 구성에 대해 다시 확인해보도록 하겠습니다. 모델 구성을 확인하는 가장 쉬운 방법은 model.summary() 함수를 사용하는 것입니다. 다음은 현재까지의 소스입니다.

```
from keras.models import Sequential
from keras.layers import Dense
import numpy as np

x_train = np.array([1,2,3,4,5,6,7,8,9,10])
y_train = np.array([1,2,3,4,5,6,7,8,9,10])
x_test = np.array([101,102,103,104,105,106,107,108,109,110])
y_test = np.array([101,102,103,104,105,106,107,108,109,110])

model = Sequential()
model.add(Dense(5, input_dim =1 , activation='relu'))
model.add(Dense(3))
model.add(Dense(1, activation='relu'))

model.summary()
```

현재까지의 소스를 실행해보겠습니다.

```
Layer (type)              Output Shape            Param #
=================================================================
dense_1 (Dense)           (None, 5)               10
_____
dense_2 (Dense)           (None, 3)               18
_____
dense_3 (Dense)           (None, 1)               4
=================================================================
Total params: 32
Trainable params: 32
Non-trainable params: 0
_____
```

소스를 실행해서 summary를 확인해보면 모델의 내용이 나옵니다. 첫 번째 댄스층(dense_1)에서 5개의 node가 생성되었음을 알 수 있습니다. 두 번째 댄스층(dense_2)에서는 3개의 node, 세 번째 댄스층(Dense_3)에서는 1개의 node가 생성되었음을 알 수 있습니다. 이를 통해, 입력층 1개로 히든 레이어(hidden layer, 중간 계층을 의미)의 8개의 노드 그리고 출력 노드 1개가 있다는 것을 알 수 있습니다. 그런데 이 summary()에서 우리가 잘 보지 못한 용어가 있습니다. param과 10, 18, 4, 32는 무슨 뜻일까요?

param이 'parameter'의 약자라는 것을 눈치챈 독자가 있을 겁니다. 그런데 입력이 1개이고 출력이 5개라면, 파라미터는 입력 곱하기 출력으로 계산해서 1*5=5이므로 파라미터는 5가 나와야 하지 않나요? 하지만 첫 번째 레이어의 파라미터는 10입니다. 뭔가 이상합니다. 그 다음 레이어의 경우, 입력이 5 출력이 3으로 5*3=15이므로 파라미터는 15가 나와야 하는데 18입니다. 마지막 출력 레이어의 경우도 3개를 입력 받아 1개의 출력이 나와서 1*3=3이므로 파라미터는 3이 나와야 하는데 4입니다. summary()의 파라미터 개수는 무엇이 잘못된 것일까요?

앞에서 딥러닝의 기초를 배울 때 학창시절 배운 1차 함수가 기본이 된다고 언급한 바 있습니다. 그 수식을 다시 한 번 사용하도록 하겠습니다.

```
y = ax + b
```

딥러닝에서는 위 식을 약간 다르게 표현한다고 했습니다.

```
y = wx + b
h(x) = wx + b
```

지금까지 소스에서 모델링을 할 때 노드의 개수에 영향을 준 것은 x와 y값뿐이었습니다. 위 식을 잘 보면 뭔가 하나 빠졌다는 걸 알 수 있습니다. 바로 'b(bias, 절편)'입니다. bias 값은 현재까지의 소스에서는 큰 영향력을 끼치지 않아 잊고 있었으나, 머신은 딥러닝 훈련을 하면서 잊지 않고 있었던 겁니다. 머신은 딥러닝을 할 때 바이어스도 1개의 노드로 계산합니다.

그렇다면 summary()와 노드의 개수 파라미터에 대한 설명이 가능해집니다. 그래서 모든 딥러닝의 파라미터 개수를 확인할 때는 레이어마다 1개의 bias가 추가된다고 생각하면 됩니다. 이를 표현한 것이 [그림 2-4]입니다.

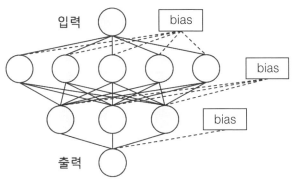

[그림 2-4] bias 추가

그림이 다소 복잡해보일 수 있지만, 원리는 간단합니다. 첫 번째 히든 레이어부터 계산해보겠습니다.

```
1st hidden layer params = (input(1) + bias(1)) * output(5)
                        = (1+1) * 5 = 10
2rd hidden layer params = (input(5) + bias(1)) * output(3)
                        = (5+1) * 3 = 18
output layer params = (input(3) + bias(1)) * output(1)
                    = (3+1) * 1 = 4

Total params = 10 + 18 + 4 = 32
```

다시, 실행 결과와 비교해보겠습니다.

```
-----------------------------------------------------------------
Layer (type)                 Output Shape              Param #
=================================================================
dense_11 (Dense)             (None, 5)                 10
-----------------------------------------------------------------
dense_12 (Dense)             (None, 3)                 18
-----------------------------------------------------------------
dense_13 (Dense)             (None, 1)                 4
=================================================================
Total params: 32
Trainable params: 32
Non-trainable params: 0
-----------------------------------------------------------------
```

동일한 결과입니다. 이제 summary()를 만든 모델의 노드와 파라미터의 수 등을 확인
할 수 있고, 모델링을 통해 만들어진 결과를 분석할 수 있는 기초적인 지식을 알 수 있
습니다.

자, 계속 이어서 코딩을 해보겠습니다. 모델까지 구성이 완료되었으니, 첫 번째 예제
와 마찬가지로 컴파일하도록 하겠습니다.

```python
model.compile(loss='mse', optimizer='adam', metrics=['accuracy'])
```

첫 번째 소스와 동일한 컴파일인데 'mean_squared_error'를 'mse'로 바꾸었습니다.
동일한 값입니다. 두 가지 가운데 어떤 값으로 표현해도 상관없습니다. 이제 만든 모
델을 실행하고, loss와 accuracy를 확인하도록 하겠습니다.

```python
model.fit(x_train, y_train, epochs=100, batch_size=1,
          validation_data = (x_test, y_test))
loss, acc = model.evaluate(x_test, y_test, batch_size =1)

print("loss : ", loss)
print("acc : ", acc)
```

앞의 소스와 동일하나 실행 시(fit)에 validation_data가 추가되었습니다. 이는 머신
에게 훈련 데이터와 평가 데이터를 나눠서 학습과 평가를 하기 위해서입니다. 훈련한

데이터로 평가를 하게 되면 당연히 acc는 100%가 나오게 될 것입니다. 앞으로는 항상 훈련 데이터와 평가 데이터를 나눠서 작업하도록 하겠습니다. validation_data에는 원래 훈련 데이터와는 다른 평가용 데이터를 입력하면 됩니다. 최초에 만들어 놓은 x_test, y_test의 평가용 데이터 "101~110"를 사용하도록 합니다.

이 모델은 머신에게 x_train과 y_train으로 학습을 시킨 후 훈련 데이터와는 전혀 다른 x_test, y_test로 테스트(평가)를 하게 됩니다. 그렇다면 이제 실행하여 acc와 loss를 확인해보도록 하겠습니다. 전체 소스는 다음과 같습니다.

```python
from keras.models import Sequential
from keras.layers import Dense
import numpy as np

x_train = np.array([1,2,3,4,5,6,7,8,9,10])
y_train = np.array([1,2,3,4,5,6,7,8,9,10])
x_test = np.array([101,102,103,104,105,106,107,108,109,110])
y_test = np.array([101,102,103,104,105,106,107,108,109,110])

model = Sequential()
model.add(Dense(5, input_dim =1 , activation='relu'))
model.add(Dense(3))
model.add(Dense(1, activation='relu'))

model.summary()

model.compile(loss='mse', optimizer='adam', metrics=['accuracy'])

model.fit(x_train, y_train, epochs=100, batch_size=1,
          validation_data = (x_train, y_train))
loss, acc = model.evaluate(x_test, y_test, batch_size =1)

print("loss : ", loss)
print("acc : ", acc)
```

실행 결과를 확인합니다.

```
Epoch 99/100
 1/10 [==>..........................] - ETA: 0s - 1
10/10 [==============================] - 0s 4ms/step
 - loss: 2.4194e-13 - acc: 1.0000 - val_loss: 2.0955
e-10 - val_acc: 1.0000
Epoch 100/100
 1/10 [==>..........................] - ETA: 0s - 1
10/10 [==============================] - 0s 3ms/step
 - loss: 2.4194e-13 - acc: 1.0000 - val_loss: 5.8208
e-11 - val_acc: 1.0000
10/10 [==============================] - 0s 1000us/s
tep
loss :  5.820766091346741e-11
acc :  1.0
```

acc는 역시 1.0입니다. 훈련이 잘 되었습니다. 그런데 x_test를 넣었을 때의 예측값에 대해서는 확인하지 못했습니다. 다른 데이터의 예측값을 사용하도록 하겠습니다. 다음 소스를 추가합니다.

```
output = model.predict(x_test)
print("결과물 : \n", output)
```

x_test 값을 주었을 때, 어떤 값이 출력되는지 예측해보라는 의미입니다. x_test 값으로 '101~110'까지 총 10개를 주었고, 머신 훈련 결과 acc가 100%라면 output 값은 '101~110'이 되지 않을까 예측해봅니다. 실행해보겠습니다.

```
결과물 :
 [[101.00001 ]
 [102.00001 ]
 [103.       ]
 [104.000015]
 [105.00001 ]
 [106.       ]
 [107.00001 ]
 [108.00001 ]
 [109.00001 ]
 [110.       ]]
```

101~110에 소수점 여섯 번째 자리 정도의 오차 빼고는 정확히 학습된 듯합니다.

이 정도로 해서, 딥러닝의 가장 기초적인 구조를 배워보았습니다. 어떻게 보면 딥러닝 케라스로 구현하는 이 방법이 딥러닝의 전부일 수도 있습니다. 여기에 새로운 데이터 와 새로운 공식 등을 더 덧붙이면, 사용자가 원하는 모델링을 쉽게 만들 수 있습니다.

3. 딥러닝 케라스의 기본 구조

여기까지 잘 따라왔다면, 이제 딥러닝 케라스의 간단한 코딩과 구성에 대해 다음과 같 은 순서대로 하면 더욱 쉽게 이해할 수 있습니다.

① 데이터 준비
② 모델 구성
③ 컴파일, 훈련
④ 평가, 예측

이 순서대로만 하면 케라스는 끝납니다. 데이터를 준비하고, 모델을 구성한 뒤 컴파 일하고 실행(fit)한 다음 결과물을 출력하는 것입니다.

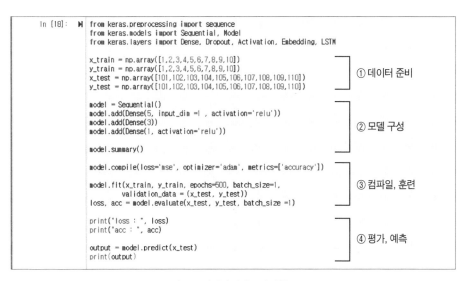

[그림 2-5] 딥러닝 케라스의 기본 구조

앞으로 보게 되는 모든 모델은 거의 [그림 2-5]의 순서를 따르게 됩니다. 어렵다는 생각이 들면, 우선 저 4단계로 딥러닝을 만들 수 있다는 것을 잊지 마세요. 코딩을 반복하다 보면 자연스럽게 익숙해집니다.

회귀 모델

회귀 모델

Chapter 02에서 2개의 소스를 실행해보았습니다. 가장 기초적인 모델이자, 회귀 모델입니다. 딥러닝은 크게 2개의 모델로 나눌 수 있습니다. 첫째 회귀 모델, 둘째 분류 모델입니다.

회귀 모델은 앞에서 설명한 가장 기본적인 y=wx+b가 기본이 됩니다. 우리는 1~10까지의 데이터로 학습을 시켰고, 101에서 110까지의 데이터를 이용하여 결과물을 받았습니다. acc는 1이 나오기는 했지만, 이건 엄밀히 얘기하면 맞지 않습니다. 회귀 모델에서는 평가 지표가 acc가 아닙니다. acc가 1이 나올 수도 없습니다. 왜 그런지 101에서 110까지의 결과 데이터인 다음 표를 보면 알 수 있습니다.

[표 3-1] 101에서 110까지 결과 데이터

x_test	output	x_test	output
101	[100.99708]	106	[105.99692]
102	[101.99705]	107	[106.99689]
103	[102.997025]	108	[107.99686]
104	[103.99698]	109	[108.99683]
105	[104.996956]	110	[109.996796]

101에서 110까지의 값을 머신에게 주었을 때 훈련 결과를 통한 예측값은 소수 몇 자리까지 이어집니다. 정확히 정수로 떨어지지 않습니다. 이는 머신의 반복된 계산과 훈련의 결과입니다. 결국 acc=1이라는 결과는 acc=0.9999999…의 결과를 1로 표기한 것입니다. 그렇다면 왜 소수점의 오류가 있을까요? 여기서 다시 1차 함수로 돌아갑니다.

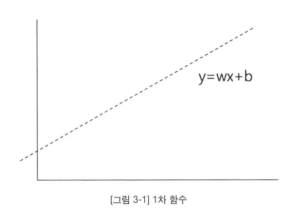

[그림 3-1] 1차 함수

1차 함수는 이런 구조를 가집니다. 우리는 기존에 가지고 있던 데이터들을 이 함수에 최대한 적용시켜야 합니다.

[그림 3-2] 데이터 분포

이런 식으로 분포하고 있다면, 우리는 머신이 다음과 같은 1차 함수가 되도록 훈련할 수 있게 서포트해야 합니다.

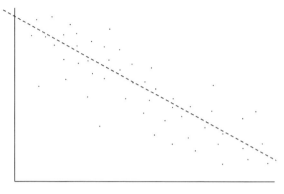

[그림 3-3] 1차 함수

이렇게 모델을 유도하고, 데이터를 정제하는 작업이 우리가 해야 하는 일입니다. 얼마나 매끈한 1차 함수가 되도록 만들어주느냐, 이것이 관건입니다. 그렇다면 2차 함수와 같은 모양을 띈 모델과 데이터는 어떻게 해야 할까요?

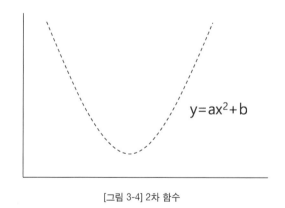

$$y = ax^2 + b$$

[그림 3-4] 2차 함수

간단합니다. 이 모델과 데이터도 1차 함수로 바꿔주면 됩니다. 어떻게 1차 함수로 바꿀까요? 2차 함수를 1차 함수로 바꾸려면 미분을 해주면 됩니다. 머신러닝과 딥러닝을 공부하다 보면, 통계와 수학에 대한 많은 기초가 있다면 훨씬 수월하다는 사실을 알 것입니다. 그러나 꼭 통계와 수학을 완벽하게 알아야 할 필요는 없습니다. 적당히 사용법을 알아 두는 정도면 됩니다. 그리고 그 전후로 필요한 수학과 통계 부분들을 공부하면 됩니다. 필자 또한 딥러닝을 공부하면서 많은 수학책과 통계책을 사서 참고하고 있습니다. 내용을 전부 숙지하려고 하기보다, 꼭 필요할 때마다 하나씩 찾아보거나 소스를 먼저 익힌 다음에 수학 부분을 응용하면 훨씬 쉽게 접근할 수 있습니다. 위 식을 미분하면 다음과 같습니다.

```
y = 2ax + 0
```

다시 1차 함수로 돌아왔고, 우리는 x값과 y값이 있으므로 딥러닝 모델을 만들 수 있습니다. 회귀 분석은 선형이기 때문에 딱 맞아떨어지는 값이 아닙니다. 그래서 결괏값과 예측 분석을 하는 함수를 다른 것으로 쓰게 됩니다. 기존 소스를 재활용하겠습니다.

```
from keras.models import Sequential
from keras.layers import Dense
import numpy as np

x_train = np.array([1,2,3,4,5,6,7,8,9,10])
y_train = np.array([1,2,3,4,5,6,7,8,9,10])
x_test = np.array([101,102,103,104,105,106,107,108,109,110])
y_test = np.array([101,102,103,104,105,106,107,108,109,110])

model = Sequential()
model.add(Dense(5, input_dim =1 , activation='relu'))
model.add(Dense(3))
model.add(Dense(1, activation='relu'))

model.summary()

model.compile(loss='mse', optimizer='adam', metrics=['accuracy'])

model.fit(x_train, y_train, epochs=100, batch_size=1,
```

```
            validation_data = (x_test, y_test))
loss, acc = model.evaluate(x_test, y_test, batch_size =1)

print("loss : ", loss)
print("acc : ", acc)

y_predict = model.predict(x_test)
print("결과물 : \n", y_predict)
```

기존 소스에서 metrics 부분만 'accuracy'에서 'mse'로 변경해줍니다.

```
model.compile(loss='mse', optimizer='adam', metrics=['mse'])
```

이는 머신이 훈련할 때 보여주는 부분이 acc 대신 mse(mean squared error)로 표현
하겠다는 뜻입니다.

```
Epoch 99/100
 1/10 [==>..........................] - ETA: 0s - loss:
10/10 [==============================] - 0s 3ms/step - loss: 38.5000 -
accuracy: 0.0000e+00 - val_loss: 11138.5000 - val_accuracy: 0.0000e+00
Epoch 100/100
 1/10 [==>..........................] - ETA: 0s - loss:
10/10 [==============================] - 0s 4ms/step - loss: 38.5000 -
accuracy: 0.0000e+00 - val_loss: 11138.5000 - val_accuracy: 0.0000e+00
10/10 [==============================] - 0s 1ms/step
```

이 부분이 acc 대신 mse로 바뀌게 됩니다.

회귀 모델의 판별식

회귀 모델의 판별식

1. 회귀 모델의 판별식

다음 소스를 추가해줍니다.

```python
# RMSE 구하기
from sklearn.metrics import mean_squared_error
def RMSE(y_test, y_predict):
    return np.sqrt(mean_squared_error(y_test, y_predict))
print("RMSE : ", RMSE(y_test, y_predict))
```

RMSE(평균 제곱근 오차, Root Mean Squared Error)는 회귀 분석을 평가할 때 가장 많이 쓰는 지표 중 하나입니다. 이 책을 읽는 독자 여러분들이 각종 데이터 분석, 인공 지능 대회나 캐글 등에 참가하게 되면, 위 지표로 모델을 평가하는 경우가 많습니다. 소스를 간략하게 설명하겠습니다.

```python
from sklearn.metrics import mean_squared_error
```

대부분의 모든 파이썬과 딥러닝, 머신러닝은 API나 프레임워크, 함수가 거의 만들어 져 있습니다. 그러나 아쉽게 RMSE는 아직 준비가 안 되어 있는 듯합니다. 그래서 간단하게 함수를 만들어 사용합니다. MSE는 이미 준비가 되어 있으니 MSE에 루트를 씌운 것이 RMSE입니다.

$$\text{RMSE}(\hat{\theta}) = \sqrt{\text{MSE}(\hat{\theta})} = \sqrt{\text{E}((\hat{\theta} - \theta)^2)}$$

$$\text{RMSE}(\theta_1, \theta_2) = \sqrt{\text{MSE}(\theta_1, \theta_2)} = \sqrt{\text{E}((\theta_1 - \theta_2)^2)} = \sqrt{\frac{\sum_{i=1}^{n}(x_{1,i} - x_{2,i})^2}{n}}$$

풀어서 설명하자면, 원래 데이터에서 평균을 뺀 값을 제곱하여 모두 더한 뒤 전체 개수로 나눈 값에 루트를 씌운 것입니다. 한 마디로 말해, 회귀 분석 모델을 만들 때 RMSE는 낮을수록 정밀도가 높습니다. 실행해보겠습니다.

```
Epoch 100/100
 1/10 [==>..........................] - ETA: 0s - loss:
10/10 [==============================] - 0s 4ms/step - loss: 9.0345e-04 -
mse: 9.0345e-04 - val_loss: 0.9085 - val_mse: 0.9085
10/10 [==============================] - 0s 898us/step
loss :  0.9084972441196442
acc :  0.9084972143173218
RMSE :  0.9531512149561864
```

RMSE가 0.97이 나왔습니다. 1보다 낮은 수치이니 정밀도는 괜찮은 편입니다. 여기서 가끔 헷갈리는 경우가 있는데, 97%라고 생각하면 안 됩니다. '97%나 되네?' 하면서, 정확도가 높다고 여기는 것은 잘못된 생각입니다. 계속 소스와 경우를 바꿔서 하다 보면 60000, 70000 이런 높은 수치도 나옵니다. 그럴 경우는 60,000%일까요? RMSE는 수치가 낮을수록 좋습니다. 0.0000000000001이면 매우 좋겠죠.

이어서 RMSE와 함께 회귀 분석에서 가장 많이 쓰는 지표인 R2를 구해보겠습니다. R2는 여러 가지로 불립니다. R2, R2 Score, R제곱, 설명력, 결정계수 등…. 일반적으로 R2, 또는 결정계수로 많이 부릅니다. 회귀 분석에서 가장 많이 사용하는 지표이고, RMSE와 반대로 높을수록 좋은 지표입니다. 맥스값은 1입니다.

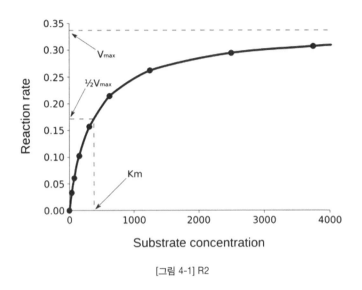

[그림 4-1] R2

대략 0~1 사이의 수치가 값으로 전달됩니다. 0.73 이런 식으로 값이 나온다면, 내가 만든 모델식이 R2로 계산했을 때 73%의 설명력을 가진다고 해석할 수 있습니다. 소스를 보겠습니다. 다행히 R2는 사이킷 런에서 함수 형태로 제공해주기 때문에 사이킷 런을 import해서 그대로 사용하면 됩니다.

```
# R2 구하기
from sklearn.metrics import r2_score
r2_y_predict = r2_score(y_test, y_predict)
print("R2 : ", r2_y_predict)
```

이제, 실행해보도록 하겠습니다.

```
RMSE :  105.53909228338095
R2 :  -1349.121212121212
```

R2와 RMSE를 동시에 작업했는데, R2가 음의 값이 나옵니다. 이는 학습 시 머신에 뭔가 잘못된 부분이 있을 수 있다는 의미입니다. 그리고 RMSE는 지난 번과 거의 유사한 값이 나왔습니다.

이로써 회귀 모델에서 가장 많이 사용하는 RMSE와 R2 모델의 사용 방법까지 알아봤습니다. 다른 여러 가지 지표 등이 있으나, 대표적인 이 두 가지 방법만 알아도 모델 분석에는 큰 어려움이 없습니다.

2. 회귀 모델 추가 코딩

이제 본격적으로 여러 가지 코딩을 해보겠습니다.

1) Validation 추가

앞에서 모델을 훈련시킬 때(fit) 검증값을 test로 하였습니다. 그러나 엄밀히 말하면, 훈련셋에 검증값이 들어가고 그 검증값으로 다시 테스트를 한다는 것은 평가에 검증값이 반영되는 문제가 있습니다. 그래서 훈련셋, 테스트셋, 검증셋은 엄밀히 분리가 되는 것이 좋은 데이터의 형태입니다. 일반적으로 Train 데이터의 일부를 잘라서 Validation 데이터로 사용하는 것이 좋습니다. 전체 데이터를 다음 표와 같은 구조로 배치합니다.

[표 4-1] Validation 데이터

X_train	y_train
X_Validation	Y_Validation
X_test	y_test

검증용 Validation 데이터를 추가하겠습니다.

```
#1. 데이터
import numpy as np
x_train = np.array([1,2,3,4,5,6,7,8,9,10])
y_train = np.array([1,2,3,4,5,6,7,8,9,10])
x_test = np.array([11,12,13,14,15,16,17,18,19,20])
y_test = np.array([11,12,13,14,15,16,17,18,19,20])
x_val = np.array([101,102,103,104,105])
y_val = np.array([101,102,103,104,105])

#2. 모델 구성
from keras.models import Sequential
from keras.layers import Dense
model = Sequential()

# model.add(Dense(5, input_dim = 1, activation ='relu'))
model.add(Dense(5, input_shape = (1, ), activation ='relu'))
model.add(Dense(3))
model.add(Dense(4))
model.add(Dense(1))

# model.summary()

#3. 훈련
model.compile(loss='mse', optimizer='adam', metrics=['mse'])
model.fit(x_train, y_train, epochs=1000, batch_size=1,
          validation_data=(x_val, y_val))

#4. 평가 예측
mse = model.evaluate(x_test, y_test, batch_size=1)
print("mse : ", mse)

y_predict = model.predict(x_test)
print(y_predict)
```

1에서 10까지의 데이터를 훈련시킬 때 101에서 105의 데이터를 검증용 데이터로 사용합니다. 이후 11에서 20까지의 데이터로 테스트합니다. 결과를 보겠습니다.

```
mse :  [8.831587550162112e-07, 8.831587550162112e-07]
[[10.999779]
 [11.999639]
 [12.999499]
 [13.999358]
 [14.999221]
 [15.999082]
 [16.998941]
 [17.998802]
 [18.998661]
 [19.99852 ]]
```

mse는 8.83…e-07로 아주 낮은 수치가 나왔고, predict도 거의 정확하게 나왔습니다. 이제, 여기에 RMSE와 R2를 추가하겠습니다.

```
#RMSE 구하기
from sklearn.metrics import mean_squared_error
def RMSE(y_test, y_predict):
    return np.sqrt(mean_squared_error(y_test, y_predict))
print("RMSE : ", RMSE(y_test, y_predict))

# R2 구하기
from sklearn.metrics import r2_score
r2_y_predict = r2_score(y_test, y_predict)
print("R2 : ", r2_y_predict)
```

위 소스를 포함하여 실행하면 다음과 같은 결과가 나옵니다.

```
RMSE:  0.0009397652560837202
R2:  0.9999998929504562
```

R2가 0.99999…. 좋은 수치입니다. 다시 말하지만, RMSE는 낮을수록, R2는 1에 가까울수록 정확한 예측치가 됩니다. 아직은 데이터가 적은 양이어서 Validation을 추가

했다고 더 좋은 값이 나오는 것이 눈에 확 띄지는 않지만, 데이터가 많아질수록, Train 데이터에서 일부의 검증셋을 분리하여 훈련하는 것이 머신의 훈련에 훨씬 더 좋은 효과를 발휘하게 되는 것을 알게 될 것입니다.

2) 데이터 분리

이번에는 데이터를 일일이 쓰지 않고, 조금 많은 데이터(100개)를 잘라서 사용해보겠습니다. 우선 1부터 100까지의 데이터를 준비합니다.

```
#1. 데이터
import numpy as np

x = np.array(range(1,101))
y = np.array(range(1,101))
```

자, 1부터 100까지의 정수형 데이터셋이 준비되었습니다. 그렇다면 이제 이 데이터셋을 가지고 6:2:2의 비율로 Train:Val:Test셋으로 나눠보겠습니다.

```
x_train = x[:60]
x_val = x[60:80]
x_test = x[80:]
y_train = y[:60]
y_val = y[60:80]
y_test = y[80:]
```

모델 구성부터 훈련, 평가 예측과 지표 출력은 기존과 동일합니다. 이어서 코딩합니다.

```
#2. 모델 구성
from keras.models import Sequential
from keras.layers import Dense
model = Sequential()
```

```
# model.add(Dense(5, input_dim = 1, activation ='relu'))
model.add(Dense(5, input_shape = (1, ), activation ='relu'))
model.add(Dense(3))
model.add(Dense(4))
model.add(Dense(1))

# model.summary()

#3. 훈련
# model.compile(loss='mse', optimizer='adam', metrics=['accuracy'])
model.compile(loss='mse', optimizer='adam', metrics=['mse'])
model.fit(x_train, y_train, epochs=1000, batch_size=1,
          validation_data=(x_val, y_val))

#4. 평가 예측
mse = model.evaluate(x_test, y_test, batch_size=1)
print("mse : ", mse)

y_predict = model.predict(x_test)
print(y_predict)

#RMSE 구하기
from sklearn.metrics import mean_squared_error
def RMSE(y_test, y_predict):
    return np.sqrt(mean_squared_error(y_test, y_predict))
print("RMSE : ", RMSE(y_test, y_predict))

# R2 구하기
from sklearn.metrics import r2_score
r2_y_predict = r2_score(y_test, y_predict)
print("R2 : ", r2_y_predict)
```

실행 결과입니다.

```
mse :  6.111804395914078e-11
[[ 81.      ]
 [ 82.      ]
```

```
[ 82.99999 ]
[ 83.99999 ]
[ 85.       ]
[ 85.999985]
[ 87.       ]
[ 87.99999 ]
[ 88.99999 ]
[ 90.       ]
[ 91.       ]
[ 91.99999 ]
[ 92.99999 ]
[ 93.99999 ]
[ 94.99999 ]
[ 95.99999 ]
[ 97.       ]
[ 97.99999 ]
[ 98.99999 ]
[100.       ]]
RMSE :   6.607249479556569e-06
R2 :   0.999999999998687
```

mse, rmse 모두 아주 낮은 수치가 나왔고, R2 역시 0.999…로 1에 근접하는 아주 좋은 평가가 나왔습니다. 그리고 예측값도 81에서 100에 근접한 값으로 입력한 값(x_test)과 거의 근사치로 출력되었습니다. 하지만 이 모델에도 약간의 문제점이 있습니다.

x_test 값으로 predict한 것입니다. 이것은 큰 문제는 아니지만, 가급적이면 test한 값보다는 새로운 데이터로 예측하는 것이 좋습니다. x_predict를 새로 입력하여 예측해보도록 하겠습니다. x_predict는 x의 범위 바깥쪽의 새로운 데이터로 하겠습니다.

```
#1. 데이터의 제일 하단 부분에 추가해줍니다.
x_train = x[:60]
x_val = x[60:80]
x_test = x[80:]
y_train = y[:60]
y_val = y[60:80]
```

```
y_test = y[80:]
x_predict = np.array(range(101,111)

#4. 평가 예측에  'y_predcit =' 부분을 수정해줍니다.

y_predcit = model.predict(x_predict)
```

101에서 110까지의 값을 x로 주고 예측을 시켰습니다. RMSE와 R2는 비교값까지 다시 수정해 주어야 하므로 이번에는 빼도록 하겠습니다. 데이터는 아래와 같이 나누어서 작업하면 좋습니다.

[표 4-2] 101에서 110까지의 예측값

X_train	y_train
X_validation	y_validation
X_test	y_test
X_predcit	

실행 결과입니다.

```
mse :  [6.880145519971848e-09, 6.880145519971848e-09]
[[101.0001  ]
 [102.000114]
 [103.000114]
 [104.0001  ]
 [105.0001  ]
 [106.0001  ]
 [107.0001  ]
 [108.0001  ]
 [109.000114]
 [110.000114]]
```

Train과 Test에서 제공된 데이터가 아닌 전혀 다른 데이터로 predict을 시켰으나 거의 정확하게 예측되었습니다. 전체 소스입니다.

```python
#1. 데이터
import numpy as np

x = np.array(range(1,101))
y = np.array(range(1,101))
print(x)

x_train = x[:60]
x_val = x[60:80]
x_test = x[80:]
y_train = y[:60]
y_val = y[60:80]
y_test = y[80:]
x_predict = np.array(range(101,111))

#2. 모델 구성
from keras.models import Sequential
from keras.layers import Dense
model = Sequential()

# model.add(Dense(5, input_dim = 1, activation ='relu'))
model.add(Dense(5, input_shape = (1, ), activation ='relu'))
model.add(Dense(3))
model.add(Dense(4))
model.add(Dense(1))

# model.summary()

#3. 훈련
# model.compile(loss='mse', optimizer='adam', metrics=['accuracy'])
model.compile(loss='mse', optimizer='adam', metrics=['mse'])
# model.fit(x, y, epochs=100, batch_size=3)
model.fit(x_train, y_train, epochs=300, batch_size=1,
          validation_data=(x_val, y_val))
```

```
#4. 평가 예측
mse = model.evaluate(x_test, y_test, batch_size=1)
print("mse : ", mse)

# y_predict = model.predict(x_test)
y_predict = model.predict(x_predict)
print(y_predict)
```

3) train_test_split

지금까지 우리는 데이터를 손으로 잘라서 사용했습니다. 그러나 사이킷 런에서는 이
미 잘 구현된 train_test_split 함수를 제공합니다.

```
from sklearn.model_selection import train_test_split
x_train, x_test, y_train, y_test = train_test_split(
    x, y, random_state=66, test_size=0.4, shuffle=False
)
```

x, y에 데이터의 x값과 y값을 넣었습니다. test_size=0.4는 test_size가 40%라는 의
미입니다. 마찬가지로 train_size=0.6이라고 할 수도 있습니다. 그렇게 되면 train이
60%, test가 40%로서 동일한 결과가 됩니다. Train_size와 test_size 중 사용하기 편
한 것으로 사용하면 됩니다. 그리고 이 둘을 동시에 쓸 경우 train_size 우선으로 잘리
게 됩니다.

그리고 추가된 파라미터 중 'shuffle'이 있습니다. 그대로 해석하면 '섞다'라는 뜻입
니다. 잘라낸 데이터를 섞을 것이냐는 의미입니다. True를 할 경우 잘라낸 데이터를
섞게 되고, False일 경우 섞지 않습니다. 이때 x와 y의 쌍까지 섞지는 않습니다. 예를
들어, X = (1,2,3), y =(4,5,6)일 경우 이 데이터를 shuffle한다고 해서 X = (2,3,1), y =
(4,6,5) 이런 식으로 x와 y의 순서까지 바뀌지는 않습니다. 1과 4, 2와 5, 3과 6의 쌍
자체가 바뀌지는 않습니다. 만일, shuffle이 true가 되어 섞이게 될 경우 x=(2,3,1)로

섞이게 된다면 y = (5,6,4)가 됩니다. 기존 소스에 적용해보겠습니다.

```
#1. 데이터
import numpy as np

x = np.array(range(1,101))
y = np.array(range(1,101))

# x_train = x[:60]
# x_val = x[60:80]
# x_test = x[80:]
# y_train = y[:60]
# y_val = y[60:80]
# y_test = y[80:]

from sklearn.model_selection import train_test_split
x_train, x_test, y_train, y_test = train_test_split(
    x, y, random_state=66, test_size=0.4, shuffle=False
)
```

하지만, validation 데이터가 없습니다. 이 경우에 validation을 만들기 위해 train_test_split를 한 번 더 적용시키면 됩니다.

```
x_val, x_test, y_val, y_test = train_test_split(
    x_test, y_test, random_state=66, test_size=0.5
)
```

Test 데이터의 50%를 validaion에 배분하게 되어 전체적으로 train:val:test의 비율이 6:2:2가 됩니다. 전체 소스입니다.

```
#1. 데이터
import numpy as np

x = np.array(range(1,101))
y = np.array(range(1,101))
```

```
# x_train = x[:60]
# x_val = x[60:80]
# x_test = x[80:]
# y_train = y[:60]
# y_val = y[60:80]
# y_test = y[80:]

from sklearn.model_selection import train_test_split
x_train, x_test, y_train, y_test = train_test_split(
    x, y, random_state=66, test_size=0.4, shuffle=False
)
x_val, x_test, y_val, y_test = train_test_split(
    x_test, y_test, random_state=66, test_size=0.5, shuffle=False
)

#2. 모델 구성
from keras.models import Sequential
from keras.layers import Dense
model = Sequential()

# model.add(Dense(5, input_dim = 1, activation ='relu'))
model.add(Dense(5, input_shape = (1, ), activation ='relu'))
model.add(Dense(3))
model.add(Dense(4))
model.add(Dense(1))

#3. 훈련
model.compile(loss='mse', optimizer='adam', metrics=['mse'])

model.fit(x_train, y_train, epochs=300, batch_size=1,
          validation_data=(x_val, y_val))

#4. 평가 예측
mse = model.evaluate(x_test, y_test, batch_size=1)
print("mse : ", mse)

y_predict = model.predict(x_test)
print(y_predict)
```

```
#RMSE 구하기
from sklearn.metrics import mean_squared_error
def RMSE(y_test, y_predict):
    return np.sqrt(mean_squared_error(y_test, y_predict))
print("RMSE : ", RMSE(y_test, y_predict))

# R2 구하기
from sklearn.metrics import r2_score
r2_y_predict = r2_score(y_test, y_predict)
print("R2 : ", r2_y_predict)
```

결과를 확인합니다.

```
mse :  1.4495512985490676e-07
[[52.99985  ]
 [58.99978  ]
 [99.999306 ]
 [41.999977 ]
 [93.99938  ]
 [83.99949  ]
 [ 6.0003915]
 [24.000187 ]
 [48.9999   ]
 [54.999832 ]
 [70.99964  ]
 [ 4.000416 ]
 [16.000277 ]
 [45.99993  ]
 [68.999664 ]
 [66.999695 ]
 [88.999435 ]
 [27.000149 ]
 [87.99944  ]
 [82.999504 ]]
RMSE :  0.0003813477708658606
R2 :  0.9999999998242818
```

mse, RMSE는 낮은 값이 나왔고, R2는 0.9999…로 모두 매우 좋은 결괏값이 나왔습니다. 그런데, x_test로 predict한 값이 이상하게 나왔습니다. 이것은 train_test_split를 사용하면 데이터를 자동으로 shuffle해주기 때문입니다. 훈련을 시킬 때는 나란히 이어져 있는 데이터보다는 shuffle된 데이터가 더 좋은 결과를 나타냅니다.

3. 함수형 모델

1) 1:1

지금까지 모델을 만들 때 model=Sequential()을 이용하여 순차적 모델만을 만들어 왔습니다. 케라스 딥러닝에서는 두 가지 모델을 구성하는 방식이 있습니다. 우선 기존에 배웠던 순차적 모델과 이번에 배울 함수형 모델이 있습니다. 모델의 간결함은 순차적 모델이 우수하나, 앞으로 모델이 길어지고 앙상블 등의 여러 가지 기법을 사용하고자 하면 함수형 모델은 필수입니다. 기존 소스를 수정해보겠습니다. #1 데이터는 그대로 재사용합니다.

```
#1. 데이터
import numpy as np

x = np.array(range(1,101))
y = np.array(range(1,101))

from sklearn.model_selection import train_test_split
x_train, x_test, y_train, y_test = train_test_split(
    x, y, random_state=66, test_size=0.4, shuffle=False
)
x_val, x_test, y_val, y_test = train_test_split(
    x_test, y_test, random_state=66, test_size=0.5, shuffle=False
)
```

모델을 구성합니다.

```
from keras.models import Sequential, Model # Model을 추가해준다.
from keras.layers import Dense, Input # Input 레이어를 추가해준다.

input1 = Input(shape=(1,))
dense1 = Dense(5, activation='relu')(input1)
dense2 = Dense(3)(dense1)
dense3 = Dense(4)(dense2)
output1 = Dense(1)(dense3)

model = Model(inputs = input1, outputs= output1)
model.summary()
```

모델이 완성되었습니다. Summary()를 통해 모델이 잘 구성되었는지 확인해보겠습니다.

```
_____
Layer (type)                 Output Shape              Param #
=================================================================
input_1 (InputLayer)         (None, 1)                 0
_____
dense_1 (Dense)              (None, 5)                 10
_____
dense_2 (Dense)              (None, 3)                 18
_____
dense_3 (Dense)              (None, 4)                 16
_____
dense_4 (Dense)              (None, 1)                 5
=================================================================
Total params: 49
Trainable params: 49
Non-trainable params: 0
_____
```

모델은 정상적으로 잘 구현되었습니다. 총 49개의 모델을 사용한 간단한 심층 신경망입니다. 함수형 모델의 구성 방법은 간단합니다.

1. Input 레이어를 구성, 입력 shape를 구성합니다. 우리는 1개의 컬럼이 들어가므로, Input1 = Input(shape=(1,))로 구성해줍니다.

2. 다음 레이어들부터는 순차형의 시퀀스형처럼 구성을 하되 상위층에서 출력된 레이어의 이름을 하위층의 가장 끝부분에 명시해줍니다.

```
dense1 = Dense(5, activation='relu')(input1)
```

이후 동일하게 연결해갑니다.

```
dense2 = Dense(3)(dense1)
dense3 = Dense(4)(dense2)
output1 = Dense(1)(dense3)
```

3. 마지막으로 Model로 전체 레이어를 엮어줍니다.

```
model = Model(inputs = input1, outputs= output1)
```

이제 #3 훈련과 #4 평가 예측을 연결하여 최종 완성해보겠습니다. 최종 소스입니다.

```
#1. 데이터
import numpy as np

x = np.array(range(1,101))
y = np.array(range(1,101))

from sklearn.model_selection import train_test_split
x_train, x_test, y_train, y_test = train_test_split(
    x, y, random_state=66, test_size=0.4, shuffle=False
)
x_val, x_test, y_val, y_test = train_test_split(
    x_test, y_test, random_state=66, test_size=0.5, shuffle=False
)
```

```python
#2. 모델 구성
from keras.models import Sequential, Model
from keras.layers import Dense, Input
# model = Sequential()

input1 = Input(shape=(1,))
dense1 = Dense(5, activation='relu')(input1)
dense2 = Dense(3)(dense1)
dense3 = Dense(4)(dense2)
output1 = Dense(1)(dense3)

model = Model(inputs = input1, outputs= output1)
model.summary()

#3. 훈련
model.compile(loss='mse', optimizer='adam', metrics=['mse'])
# model.fit(x, y, epochs=100, batch_size=3)
model.fit(x_train, y_train, epochs=100, batch_size=1,
          validation_data=(x_val, y_val))

#4. 평가 예측
mse = model.evaluate(x_test, y_test, batch_size=3)
print("mse : ", mse)

y_predict = model.predict(x_test)
print(y_predict)

#RMSE 구하기
from sklearn.metrics import mean_squared_error
def RMSE(y_test, y_predict):
    return np.sqrt(mean_squared_error(y_test, y_predict))
print("RMSE : ", RMSE(y_test, y_predict))

# R2 구하기
from sklearn.metrics import r2_score
r2_y_predict = r2_score(y_test, y_predict)
print("R2 : ", r2_y_predict)
```

실행해보겠습니다.

```
mse :  7.086287507718225e-06
[[53.00135  ]
 [59.00084  ]
 [99.997375 ]
 [42.00228  ]
 [93.99788  ]
 [83.998726 ]
 [ 6.005335 ]
 [24.003809 ]
 [49.00169  ]
 [55.00118  ]
 [70.99983  ]
 [ 4.0055046]
 [16.004488 ]
 [46.001945 ]
 [69.       ]
 [67.00017  ]
 [88.9983   ]
 [27.003555 ]
 [87.9984   ]
 [82.99881  ]]
RMSE :  0.00266231268872655
R2 :  0.9999999914356897
```

mse, RMSE, R2 모두 괜찮은 값이 나왔고, 모델도 훌륭하게 잘 돌아갔습니다.

2) 다:다

지금까지는 입력되는 컬럼의 수가 1개였습니다(input_dim=1 또는 input_shape= (1,)). 지금부터 2개 이상의 컬럼이 입력되는 경우를 코딩해보도록 하겠습니다. 데이터는 1에서 100까지의 정수와 301에서 400까지의 정수를 사용하겠습니다.

```
#1. 데이터
import numpy as np

x = np.array([range(100), range(301,401)])
y = np.array([range(100), range(301,401)])
```

x 와 y의 데이터를 준비했습니다. 모델에 입력하기 위해서는 행과 열이 맞아야 합니다. DNN의 구조에서는 차원(dimention)이 가장 중요하여, 행은 무시되고 열이 우선됩니다. 그러다 보니 모델에서 입력할 때 input_dim=1 또는 input_shape=(1,) 이런 파라미터를 요구하게 됩니다. 여기서 1은 '컬럼이 1개이다'입니다. 이번에는 2개의 컬럼이 들어가는 경우입니다. 그러나 위에 x와 y의 shape를 확인해 보면 우리가 원하는 형태의 행렬 구조가 아닙니다. Shape를 확인해보겠습니다.

```
print(x.shape)
print(y.shape)
```

실행 결과입니다.

```
(2, 100)
(2, 100)
```

우리가 실습하는 데이터 구조는 2행 100열로 컬럼이 100개입니다. 원래 원하는 구조는 100행 2열입니다. 행과 열을 바꿔주겠습니다. 넘파이에서는 행과 열을 바꾸는 transpose()라는 함수를 제공합니다.

```
x = np.transpose(x)
y = np.transpose(y)

print(x.shape)
print(y.shape)
```

실행 결과입니다.

```
(100, 2)
(100, 2)
```

자, 우리가 원하는 100행 2열로 바뀌었습니다. input_dim=2로 가능하게 데이터의 구조가 변경되었습니다. 이제 데이터를 train, test, val로 분리한 후 모델을 구성하겠습니다. 마찬가지로 6:2:2로 구성하겠습니다.

```
from sklearn.model_selection import train_test_split
x_train, x_test, y_train, y_test = train_test_split(
    x, y, random_state=66, test_size=0.4, shuffle=False
)
x_val, x_test, y_val, y_test = train_test_split(
    x_test, y_test, random_state=66, test_size=0.5, shuffle=False
)

#2. 모델 구성
from keras.models import Sequential
from keras.layers import Dense
model = Sequential()

# model.add(Dense(5, input_dim = 2, activation ='relu'))
model.add(Dense(5, input_shape = (2, ), activation ='relu'))
model.add(Dense(3))
model.add(Dense(4))
model.add(Dense(2))
```

기존 모델과의 차이점은 input_dim = 1에서 2로 바뀌었고, 최종 아웃풋이 1에서 2로 바뀌었다는 점입니다. 훈련과 평가 예측은 이전과 동일합니다.

```
#3. 훈련
model.compile(loss='mse', optimizer='adam', metrics=['mse'])
model.fit(x_train, y_train, epochs=300, batch_size=1,
```

```
            validation_data=(x_val, y_val))

#4. 평가 예측
mse = model.evaluate(x_test, y_test, batch_size=1)
print("mse : ", mse)

y_predict = model.predict(x_test)
# print(y_predict)

#RMSE 구하기
from sklearn.metrics import mean_squared_error
def RMSE(y_test, y_predict):
    return np.sqrt(mean_squared_error(y_test, y_predict))
print("RMSE : ", RMSE(y_test, y_predict))

# R2 구하기
from sklearn.metrics import r2_score
r2_y_predict = r2_score(y_test, y_predict)
print("R2 : ", r2_y_predict)
```

실행 결과입니다.

```
mse :   [3.2797454864950852, 3.2797454864950852]
RMSE :   1.8110067623459358
R2 :   0.9960370881293572
```


3) 다:1

다:1 모델은 다:다 모델에서 아웃풋만 1개인 경우를 의미합니다. 데이터를 준비하겠습니다.

```
#1. 데이터
import numpy as np
```

```
x = np.array([range(100), range(301,401)])
y = np.array(range(201,301))

x = np.transpose(x)
```

100개의 데이터씩 2개의 컬럼이 입력되어, 100개의 데이터 1개가 출력되는 구조입니다. 나머지 소스는 이전과 동일하고 인풋과 아웃풋의 shape만 조절해줍니다. 모델에 적합하게 reshape시켜줍니다. 이때 y의 shape는 (100,)이므로 (1행 100열이 아니고, 벡터가 100개라는 의미) transpose시키지 않아도 됩니다. 이어서 이전 소스와 동일하게 코딩합니다. 최종 아웃풋 레이어만 1로 변경합니다.

```
from sklearn.model_selection import train_test_split
x_train, x_test, y_train, y_test = train_test_split(
    x, y, random_state=66, test_size=0.4, shuffle=False
)
x_val, x_test, y_val, y_test = train_test_split(
    x_test, y_test, random_state=66, test_size=0.5, shuffle=False
)

#2. 모델 구성
from keras.models import Sequential
from keras.layers import Dense
model = Sequential()

model.add(Dense(5, input_shape = (2, ), activation ='relu'))
model.add(Dense(3))
model.add(Dense(4))
model.add(Dense(1))

# model.summary()

#3. 훈련
model.compile(loss='mse', optimizer='adam', metrics=['mse'])
model.fit(x_train, y_train, epochs=100, batch_size=1,
          validation_data=(x_val, y_val))
```

```
#4. 평가 예측
mse = model.evaluate(x_test, y_test, batch_size=1)
print("mse : ", mse)

y_predict = model.predict(x_test)

#RMSE 구하기
from sklearn.metrics import mean_squared_error
def RMSE(y_test, y_predict):
    return np.sqrt(mean_squared_error(y_test, y_predict))
print("RMSE : ", RMSE(y_test, y_predict))

# R2 구하기
from sklearn.metrics import r2_score
r2_y_predict = r2_score(y_test, y_predict)
print("R2 : ", r2_y_predict)
```

실행 결과입니다.

```
mse :  [2.561137080192566e-10, 2.561137080192566e-10]
RMSE :  1.6003552981111933e-05
R2 :  0.9999999999996906
```

지표는 모두 괜찮게 나왔습니다. 3개 이상의 컬럼에 대해서도 위와 같은 방식을 적용해서 모델링하면 됩니다. 실제로 해커톤이나 공모전 케글 같은 경우 수없이 많은 컬럼들이 제공됩니다.

4) 1:다

마지막을 1:다 모델을 보겠습니다. 지금껏 입력의 컬럼이 출력보다 많았습니다. 하지만 반대의 경우도 있을 수 있습니다. 1개의 컬럼이 입력되어 여러 개의 컬럼으로 출력되는 경우가 있을 수 있습니다. 냉정하게 말하자면, 데이터 자체로 판단해서는 다소 이상한 모델이라고 할 수도 있지만 이 역시 구현된다는 점을 중심으로 확인해보면 될 것 같습니다. 데이터를 준비하겠습니다.

```python
#1. 데이터
import numpy as np

x = np.array([range(100)])
y = np.array([range(201,301), range(301,401)])
x = np.transpose(x)
y = np.transpose(y)

print(x.shape)
print(y.shape)
```

x는 (100, 1) y는 (100,2)의 shape를 가지고 있는 데이터입니다. 나머지 소스는 앞의 소스와 동일하고 입력과 출력의 shape 부분만 수정하겠습니다.

```python
from sklearn.model_selection import train_test_split
x_train, x_test, y_train, y_test = train_test_split(
    x, y, random_state=66, test_size=0.4, shuffle=False
)
x_val, x_test, y_val, y_test = train_test_split(
    x_test, y_test, random_state=66, test_size=0.5, shuffle=False
)

print(x_test.shape)

#2. 모델 구성
from keras.models import Sequential
from keras.layers import Dense
model = Sequential()

# model.add(Dense(5, input_dim = 3, activation ='relu'))
model.add(Dense(5, input_shape = (1, ), activation ='relu'))
model.add(Dense(3))
model.add(Dense(4))
```

```
model.add(Dense(2))

#3. 훈련
# model.compile(loss='mse', optimizer='adam', metrics=['accuracy'])
model.compile(loss='mse', optimizer='adam', metrics=['mse'])
# model.fit(x, y, epochs=100, batch_size=3)
model.fit(x_train, y_train, epochs=100, batch_size=1,
          validation_data=(x_val, y_val))

#4. 평가 예측
loss, mse = model.evaluate(x_test, y_test, batch_size=1)
print("mse : ", mse)

y_predict = model.predict(x_test)
print(y_predict)

#RMSE 구하기
from sklearn.metrics import mean_squared_error
def RMSE(y_test, y_predict):
    return np.sqrt(mean_squared_error(y_test, y_predict))
print("RMSE : ", RMSE(y_test, y_predict))

# R2 구하기
from sklearn.metrics import r2_score
r2_y_predict = r2_score(y_test, y_predict)
print("R2 : ", r2_y_predict)
```

입력 모델의 input_shape가 1로 바뀌었고, 마지막 출력의 Dense 층의 아웃풋을 2로 변경했습니다. 실행 결과입니다.

```
[[392.40237 553.47784]
 [395.97626 558.55597]
 [399.55017 563.6341 ]
 [403.12408 568.7122 ]
 [406.69803 573.79034]
 [410.2719  578.8685 ]
 [413.84583 583.94666]
```

```
[417.41974 589.02484]
[420.99362 594.1029 ]
[424.56757 599.1811 ]
[428.14148 604.2592 ]
[431.71536 609.33734]
[435.28925 614.41547]
[438.86322 619.49365]
[442.43713 624.57184]
[446.01102 629.6499 ]
[449.58496 634.7281 ]
[453.15887 639.8062 ]
[456.7328  644.88434]
[460.3067  649.9625 ]]
RMSE :  178.66683257760425
R2 :  -959.0552500244713
```

Predict한 부분의 값이 엉망입니다. 우리가 원하는 값이 나온 것 같지 않습니다. RMSE도 높은 수치이고, R2는 아예 음수입니다. 결괏값이 좋지는 않지만, 이런 모델까지 만들 수 있다는 것을 이해하고 넘어가시기 바랍니다.

앙상블

앙상블

1. concatenate

우리는 이제 2개 이상의 모델을 합치는 방법을 배울 것입니다. 항상 1개의 모델만을 쓴다면 편하겠지만, 인공지능 데이터 분석 쪽에서 일을 하게 되면 앞으로 엄청나게 많은 데이터를 만나게 될 것이고, 순차 모델 하나로는 해결할 수 없습니다. 이전까지 우리는 컬럼이 여러 개인 문제 등을 해결해보았습니다. 그러나 이번 장에서는 컬럼뿐만 아니라 모델도 여러 개인 문제를 다루겠습니다.

우선 데이터를 준비합니다. x값으로 y값이 미리 유추되지 않도록 데이터 컬럼을 약간 섞어봤습니다. 손으로 일일이 y=wx+b에 대입해서 계산하면 계산하기 힘든 수준입니다. 각각 300개씩의 데이터를 가지고 있는 2개의 x와 100개의 데이터를 가지고 있는 1개의 y를 준비합니다.

```
#1. 데이터
import numpy as np

x1 = np.array([range(100), range(311,411), range(100)])
x2 = np.array([range(101,201), range(311,411), range(101,201)])

y = np.array([range(501,601)]) #, range(711,811), range(100)])
```

각 데이터는 3개의 컬럼을 가지고 있습니다. 그러나 현재의 shape는 (3,100)이므로 (100,3)으로 reshape해야 합니다.

```
x1 = np.transpose(x1)
y = np.transpose(y)
x2 = np.transpose(x2)
```

train, test, validation을 분리해줍니다.

```
from sklearn.model_selection import train_test_split
x1_train, x1_test, y_train, y_test = train_test_split(
    x1, y, random_state=66, test_size=0.4, shuffle=False
)
x1_val, x1_test, y_val, y_test = train_test_split(
    x1_test, y_test, random_state=66, test_size=0.5, shuffle=False
)

x2_train, x2_test = train_test_split(
    x2, random_state=66, test_size=0.4, shuffle=False
)
x2_val, x2_test= train_test_split(
    x2_test, random_state=66, test_size=0.5, shuffle = False
)
```

모델을 구성합니다. 2개의 모델을 만든 뒤 2개의 모델을 다시 병합해보겠습니다. 바로 앙상블 모델입니다.

```
#2. 모델 구성
from keras.models import Sequential, Model
from keras.layers import Dense, Input
# model = Sequential()
```

Sequential을 주석 처리한 후 Input 레이어를 이용해 레이어를 만듭니다. 이후 함수형 모델로 input1을 만듭니다.

```
input1 = Input(shape=(3,))
dense1 = Dense(100, activation='relu')(input1)
dense1_2 = Dense(30)(dense1)
dense1_3 = Dense(7)(dense1_2)
```

input2는 다음과 같습니다.

```
input2 = Input(shape=(3,))
dense2 = Dense(50, activation='relu')(input2)
dense2_2 = Dense(7)(dense2)
```

중간의 히든 레이어의 깊이는 상관없습니다. 독자 여러분들이 부여하고 싶은 레이어의 깊이를 주면 됩니다. 그래서 input1의 히든 레이어는 3개, input2는 2개를 주었으나, 더 주거나 덜 주어도 괜찮습니다. 자, 이제 이 두 가지 모델을 합쳐보겠습니다.

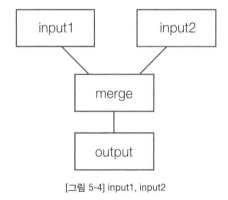

[그림 5-4] input1, input2

이를 도식화하면 [그림 5-4]와 같습니다. 현재 input1과 input2까지 코딩했습니다. 이제 가장 중요한 merge를 해보겠습니다. 입력은 아주 간단합니다. Concatenate 함수를 import해줍니다.

```
from keras.layers.merge import concatenate
merge1 = concatenate([dense1_3, dense2_2])
```

concatenate는 두 군데에 존재합니다. keras.layers와 keras.layers.merge 이 두 곳 중에 아무 곳에서나 import해주면 됩니다. concatenate 함수에 매개변수로 상단 2개의 모델 최하위 레이어의 이름을 입력합니다. 리스트 방식으로 입력해주면 됩니다. 이때, keras.io에서 검색해보면 소문자 concatenate가 아닌 대문자 Concatenate가 있습니다. 이것은 Concatenate 클래스로, 사용법은 concatenate와 거의 유사합니다. 단지 ()를 더 붙여주면 됩니다.

```python
from keras.layers.merge import Concatenate
merge1 = Concatenate()([dense1_3, dense2_2])
```

이 두 가지 방법을 많이 혼용합니다. ( ) 넣는 부분에서 헷갈리지만 않는다면 간편하게 사용할 수 있을 것입니다. 자, 이제 추가적으로 소스를 이어가 보겠습니다. 모델이 병합된 이후에는 편하게 다음 레이어를 엮어주면 됩니다.

```python
model1 = Dense(10)(merge1)
model2 = Dense(5)(model1)
output = Dense(1)(model2)
```

이제 아웃풋 레이어까지 준비가 되었으니 이 모델들을 정의해보겠습니다. Model()을 사용합니다.

```python
model = Model(inputs = [input1, input2], outputs = output)
model.summary()
```

summary()를 통해 모델의 구성을 확인해보겠습니다.

```
--------------------------------------------------------------------
Layer (type)                 Output Shape     Param #  Connected to
====================================================================
input_1 (InputLayer)         (None, 3)        0
--------------------------------------------------------------------
```

```
dense_1 (Dense)              (None, 100)      400       input_1[0][0]
--------------------------------------------------------------------
input_2 (InputLayer)         (None, 3)        0
--------------------------------------------------------------------
dense_2 (Dense)              (None, 30)       3030      dense_1[0][0]
--------------------------------------------------------------------
dense_4 (Dense)              (None, 50)       200       input_2[0][0]
--------------------------------------------------------------------
dense_3 (Dense)              (None, 7)        217       dense_2[0][0]
--------------------------------------------------------------------
dense_5 (Dense)              (None, 7)        357       dense_4[0][0]
--------------------------------------------------------------------
concatenate_1 (Concatenate)  (None, 14)       0         dense_3[0][0]
                                                        dense_5[0][0]
--------------------------------------------------------------------
dense_6 (Dense)              (None, 10)       150       concatenate_1[0][0]
--------------------------------------------------------------------
dense_7 (Dense)              (None, 5)        55        dense_6[0][0]
--------------------------------------------------------------------
dense_8 (Dense)              (None, 1)        6         dense_7[0][0]
====================================================================
Total params: 4,415
Trainable params: 4,415
Non-trainable params: 0
--------------------------------------------------------------------
```

다섯 번째 dense와 여섯 번째 dense 사이에서 conatenate가 잘 이루어진 것이 확인됩니다. 이제 훈련을 시키겠습니다.

```
#3. 훈련
model.compile(loss='mse', optimizer='adam', metrics=['mse'])

model.fit([x1_train, x2_train], y_train,
          epochs=100, batch_size=1,
          validation_data=([x1_val, x2_val] , y_val))
```

훈련을 할 때 x의 입력 데이터가 2개이므로 list 형태를 취하는 것을 주의해야 합니다.

[x1_train, x2_train] 그리고 Validataion 역시 list 형태로 입력하는 것을 확인해야 합니다. 이제 평가 예측을 하고, 지표로 이 모델을 판단하겠습니다. 우선 evaluate하겠습니다.

```
#4. 평가 예측
mse = model.evaluate([x1_test, x2_test],
                         y_test, batch_size=1)

print("mse : ", mse)
```

평가 시에도 마찬가지로 x의 입력 데이터가 2개이므로 list 형태를 취해야 합니다. Test 값으로 평가해보겠습니다.

```
y_predict = model.predict([x1_test, x2_test])

for i in range(len(y_predict)):
    print(y_test[i], y_predict[i])
```

여기까지가 실행 후 결과입니다.

```
[581] [588.7686]
[582] [590.15924]
[583] [591.5498]
[584] [592.9404]
[585] [594.4173]
[586] [595.9301]
[587] [597.44293]
[588] [598.9558]
[589] [600.41437]
[590] [601.84186]
[591] [603.2692]
[592] [604.69684]
[593] [606.1243]
[594] [607.5518]
[595] [608.97925]
```

```
[596]  [610.40674]
[597]  [611.8367]
[598]  [613.2837]
[599]  [614.7308]
[600]  [616.1777]
```

약간 오차가 있어 보입니다. 그러나 최초 입력한 원 데이터를 본다면 그리 큰 문제가 아님을 알 수 있습니다. 원 데이터는 x1이 1에서 100, 311에서 410, 1에서 100의 총 (300,3)의 shape를 가지고 있고, x2 역시 101에서 201, 311에서 411, 101에서 201의 (300,3)의 shape를 가지고 있습니다. 이 2개의 데이터셋이 앙상블이 되어 501에서 600이 나오는 구조입니다. 그냥 봐서는 연관성이 없어 보이는 구조이고 이 가운데 60%를 train, 20%을 validation, 나머지 20%를 test셋으로 사용했고, test셋으로 predict한 것입니다.

2. Merge Layer

concatenate는 단순하게 모델 2개를 엮어주는 역할을 합니다. 인풋이 (10, 3)은 모델 1과 인풋이 (10, 3)인 모델2를 엮을 경우 concatenate 시점에서는 그냥 단일 모델처럼 (10, 6)의 형태로 엮이는 것뿐입니다. 보다 정확히 이야기하자면, 합쳐지는 레이어 부분에서 노드들이 단순하게 더하기 형태로 합쳐집니다. 그렇다면 굳이 모델에서 합칠 것이 아니고 데이터상에서 컬럼을 합쳐서 단일 모델로 구성해도 되지 않을까요?

Keras.io를 보면 concatenate등 merge layer들에 대해 표현되어 있습니다. 이 API를 모두 이해할 필요는 없습니다. 필요한 부분이 생겼을 때 판단해서 사용하면 됩니다.

1) Add

keras.layers.Add()

layer끼리의 단순한 더하기입니다. 동일한 모양의 텐서 목록을 입력으로 사용하고 하나의 텐서(같은 모양)를 반환합니다.

```python
import keras

input1 = keras.layers.Input(shape=(16,))
x1 = keras.layers.Dense(8, activation='relu')(input1)
input2 = keras.layers.Input(shape=(32,))
x2 = keras.layers.Dense(8, activation='relu')(input2)
# equivalent to added = keras.layers.add([x1, x2])
added = keras.layers.Add()([x1, x2])

out = keras.layers.Dense(4)(added)
model = keras.models.Model(inputs=[input1, input2], outputs=out)
```

2) Subtract

keras.layers.Subtract()

layer끼리의 단순한 뺄셈입니다. 동일한 모양의 크기 2인 텐서 목록을 입력으로 사용하고 동일한 모양의 단일 텐서(입력[0] - 입력[1])를 반환합니다.

```python
import keras

input1 = keras.layers.Input(shape=(16,))
x1 = keras.layers.Dense(8, activation='relu')(input1)
input2 = keras.layers.Input(shape=(32,))
x2 = keras.layers.Dense(8, activation='relu')(input2)
# Equivalent to subtracted = keras.layers.subtract([x1, x2])
subtracted = keras.layers.Subtract()([x1, x2])
```

```
out = keras.layers.Dense(4)(subtracted)
model = keras.models.Model(inputs=[input1, input2], outputs=out)
```

3) Multiply

keras.layers.Multiply()

layer끼리의 입력 목록을 (요소 별로) 곱하는 레이어입니다. 동일한 모양의 텐서 목록을 입력으로 사용하고 하나의 텐서를 반환합니다.

4) Average

Keras.layers.Average()

인풋 리스트의 평균을 내는 레이어입니다. 동일한 모양의 텐서 목록을 입력으로 사용하고 하나의 텐서를 반환합니다.

5) Maximum

keras.layers.Maximum()

입력 목록의 최대(요소 별로)를 계산하는 레이어입니다. 동일한 모양의 텐서 목록을 입력으로 사용하고 하나의 텐서를 반환합니다.

6) Minimum

keras.layers.Minimum()

입력 목록의 최소(요소 별로)를 계산하는 레이어입니다. 동일한 모양의 텐서 목록을 입력으로 사용하고 하나의 텐서를 반환합니다.

7) Concatenate

Keras.layers.Concatenate(axis=-1)

입력 목록을 연결하는 계층입니다. 연결 축을 제외한 동일한 모양의 텐서 목록을 입력으로 사용하고 모든 입력의 연결 인 단일 텐서를 반환합니다. 소문자 concatenate와 사용할 때 비교해가면서 사용해야 합니다. 디폴트는 axis=-1입니다.

8) Dot

keras.layers.Dot(axes, normalize=False)

두 텐서에서 샘플 간 내적을 계산하는 레이어입니다. 2개의 텐서 a와 b의 모양 (batch_size, n) 목록에 적용되는 경우 출력은 모양의 텐서(batch_size, 1)가 됩니다. 여기서 각 항목 i는 a [i]와 b [i] 사이의 내적입니다.

9) add

keras.layers.add(inputs)

Add와 같은 결과를 나타내지만, 함수형 add는 사용법이 약간 다릅니다. 1번 Add와 비교해보세요.

```
import keras

input1 = keras.layers.Input(shape=(16,))
x1 = keras.layers.Dense(8, activation='relu')(input1)
input2 = keras.layers.Input(shape=(32,))
x2 = keras.layers.Dense(8, activation='relu')(input2)
added = keras.layers.add([x1, x2])

out = keras.layers.Dense(4)(added)
model = keras.models.Model(inputs=[input1, input2], outputs=out)
```

Add의 경우

added = keras.layers.Add()([x1, x2]) 이렇게 사용하지만,

add의 경우는

added = keras.layers.add([x1, x2]) 이렇게 사용합니다.

()의 위치를 비교해보면 됩니다. 아래의 나머지 api들도 동일한 사용법을 나타냅니다.

10) subtract

keras.layers.subtract(inputs)

2번 Subtract와 동일한 사용법이고 ()를 주의하면 됩니다. 레이어 간 노드의 빼기입니다.

```
import keras

input1 = keras.layers.Input(shape=(16,))
x1 = keras.layers.Dense(8, activation='relu')(input1)
input2 = keras.layers.Input(shape=(32,))
x2 = keras.layers.Dense(8, activation='relu')(input2)
subtracted = keras.layers.subtract([x1, x2])

out = keras.layers.Dense(4)(subtracted)
model = keras.models.Model(inputs=[input1, input2], outputs=out)
```

11) multiply

keras.layers.multiply(inputs)

3번 Multiply와 동일한 방법이고 ()를 주의하면 됩니다. Input tensor가 최소 2개 이상입니다.

12) average

keras.layers.average(inputs)

4번 Average와 동일한 방법이고 ()를 주의하면 됩니다. Input tensor가 최소 2개 이상입니다.

13) maximum

keras.layers.maximum(inputs)

5번 Maximum과 동일한 방법이고 ()를 주의하면 됩니다. Input tensor가 최소 2개 이상입니다. 입력한 텐서 중 최솟값 텐서를 리턴합니다.

14) minimum

keras.layers.minimum(inputs)

6번 Minimum과 동일한 방법이고 ()를 주의하면 됩니다. Input tensor가 최소 2개 이상입니다. 입력한 텐서 중 최솟값 텐서를 리턴합니다.

15) concatenate

keras.layers.concatenate(inputs, axis=-1)

지금까지 merge에서 가장 많이 사용한 concatenate입니다. 기존 7번 Concatenate와 비교하여 잘 사용하면 되고, 디폴트 axis는 -1입니다.

16) dot

keras.layers.dot(inputs, axes, normalize=False)

inputs는 2개 이상의 텐서입니다. normalize()는 L2 정규화의 여부입니다. 디폴트는

False입니다. 8번 Dot과 동일한 방법이고 ()를 주의하여 사용하면 됩니다. 위 16개의 Merge 기법들은 반드시 암기하는 것보다는 이런 종류가 있다는 것을 알고 내가 필요할 때 빨리 찾아서 사용할 수 있을 정도로 하면 됩니다. 우선은 Merge의 가장 기본적인 Concatenate와 concatenate만 알고 있고, 차후 필요에 따라 추가적인 기법들을 사용하면 됩니다.

회귀 모델 총정리

06 회귀 모델 총정리

이번 장에서는 지금까지 살펴본 전체 회귀 모델을 응용해서 자주 나오는 모델들을 정리해보겠습니다. 이 장의 내용들을 모두 이해한다면, 훨씬 쉽게 딥러닝 모델에 접근할 수 있습니다. 회귀 모델이므로 Activation 함수는 'Relu'를, loss는 'mse'를, optimizer는 'adam'을 사용하겠습니다. 모델 입력과 출력의 컬럼 위주로 확인하세요.

먼저, Sequence형 모델에서 1:1, 다:다, 다:1, 1:다 형으로 모델을 짜고, 함수형 모델인 1:1, 다:다, 다:1, 1:다 형으로 모델을 짜겠습니다. 이 모델들에서 '다'가 의미하는 것은 컬럼이 여러 개라는 뜻입니다. 다음으로 앙상블에서 나올 수 있는 4가지 구조로 진행하고, 다:1, 다:다, 1:다, 형태로 모델을 만들겠습니다. 이때 모델들끼리 앙상블되는 구조들을 잘 확인하기 바랍니다.

전체 데이터들은 모두 train과 test로 분리할 것이고, 각 데이터의 train은 각 7개, test는 각 3개, predict용 데이터는 각 3개를 이용하겠습니다. train_test_split를 이용한 데이터 자르는 작업과 전처리는 생략하도록 하겠습니다. test와 validaion은 test셋으로 함께 진행하도록 하겠습니다.

1. Sequential 모델

1) Sequential 1:1모델

데이터를 준비합니다.

```
#1. 데이터
import numpy as np
x_train = np.array([1,2,3,4,5,6,7,])
y_train = np.array([1,2,3,4,5,6,7,])

x_test = np.array([8,9,10])
y_test = np.array([8,9,10])

x_predict = np.array(11,12,13)
```

1에서 7까지의 데이터를 머신에게 훈련시킨 뒤 8, 9, 10의 데이터로 평가한 다음 11, 12, 13으로 훈련이 잘 되었는지 예측해보겠습니다. 모델을 구성합니다.

```
#2. 모델 구성
from keras.models import Sequential
from keras.layers import Dense
model = Sequential()

model.add(Dense(100, input_dim = 1, activation ='relu'))
model.add(Dense(30))
model.add(Dense(5))
model.add(Dense(1))
```

Sequential 모델을 사용하고, 첫 번째 히든 레이어는 100개, 두 번째 히든은 30개, 세 번째는 5개, 최종 아웃풋 레이어는 1개로 레이어와 노드를 구성합니다. 이제 데이터를 컴파일하고 훈련합니다.

```
#3. 훈련
model.compile(loss='mse', optimizer='adam', metrics=['mse'])
model.fit(x_train, y_train, epochs=100, batch_size=1)
```

loss는 mse로 구성하여 최저의 손실 값을 구하고, 이를 구하기 위한 optimizer는 adam을 사용합니다. 훈련 내용을 보여주기 위해 metrics는 mse를 사용합니다. x_train과 y_train을 총 100번 훈련시키고, batch_size는 1개씩 잘라 사용합니다. 참고로 batch_size를 넣지 않으면 디폴트는 16입니다.

```
#4. 평가 예측
loss, mse = model.evaluate(x_test, y_test, batch_size=1)
print("mse : ", mse)

y_predict = model.predict(x_predict)
print("예측값 : \n", y_predict)
```

x_test와 y_test로 평가하고, x_predict 11, 12, 13으로 예측값을 확인합니다. 여기까지 코딩이 됐다면 실행해보도록 하겠습니다. 실행 결과입니다.

```
mse :  4.0473400986229535e-07
예측값 :
[[10.9986925]
[11.998316 ]
[12.997939 ]]
```

mse가 소수 일곱 번째 자리까지 내려간 걸 보니 상당히 학습이 잘 이루어졌음을 알 수 있습니다. 예측값 역시 10.99, 11.99, 12.99로 원데이터 11, 12, 13과 비교하니 거의 맞아떨어지는 것을 확인할 수 있습니다. 1:1 모델은 성공적으로 잘 나왔습니다. 다음은 전체 소스입니다.

```
#1. 데이터
import numpy as np
x_train = np.array([1,2,3,4,5,6,7,])
y_train = np.array([1,2,3,4,5,6,7,])

x_test = np.array([8,9,10])
y_test = np.array([8,9,10])

x_predict = np.array([11,12,13])

#2. 모델 구성
from keras.models import Sequential
from keras.layers import Dense
model = Sequential()

model.add(Dense(100, input_dim = 1, activation ='relu'))
model.add(Dense(30))
model.add(Dense(5))
model.add(Dense(1))

#3. 훈련
model.compile(loss='mse', optimizer='adam', metrics=['mse'])
model.fit(x_train, y_train, epochs=100, batch_size=1)

#4. 평가 예측
loss, mse = model.evaluate(x_test, y_test, batch_size=1)
print("mse : ", mse)

y_predict = model.predict(x_predict)
print("예측값 : ", y_predict)
```

2) Sequential 다:다 모델

이번에는 입력과 출력에 컬럼이 2개 이상인 데이터를 사용하는 Sequential 모델을 만들어보겠습니다. 편의상으로 컬럼을 2개로 하겠습니다. 먼저 데이터를 구성합니다.

```
#1. 데이터
import numpy as np
x_train = np.array([[1,2,3,4,5,6,7,], [11,12,13,14,15,16,17]])
y_train = np.array([[1,2,3,4,5,6,7,], [11,12,13,14,15,16,17]])

x_test = np.array([[8,9,10], [18,19,20]])
y_test = np.array([[8,9,10], [18,19,20]])

x_predict = np.array([[21,22,23], [31,32,33]])
```

1에서 7까지의 데이터와 11에서 17까지의 데이터로 훈련을 시킨 다음 8, 9, 10과 18, 19, 20을 이용하여 평가합니다. 그리고 21, 22, 23과 31, 32, 33이 잘 예측되는지 맞추는 모델을 만들도록 하겠습니다.

그런데 이 데이터 형태에서 한 가지 문제가 있습니다. 현재는 2개의 데이터셋들을 이용해서 모델을 만드는 것이므로, 모델에 잘 입력하기 위해서는 input_dim=2 또는 input_shape=(2,)가 되어 컬럼을 2개짜리로 입력해야 합니다. 그러나 위 데이터들의 shape는 컬럼이 2개가 아닙니다. 다음을 코딩해서 shape를 확인하겠습니다.

```
print(x_train.shape)
print(x_test.shape)
print(x_predict.shape)
```

여기까지 실행했을 때의 실행 결과입니다.

```
(2, 7)
(2, 3)
(2, 3)
```

각 데이터들은 컬럼(열)이 2개가 아닌 행이 2개입니다. 이것을 컬럼(열)이 2개인 데이터로 변경해야 합니다. 넘파이에서 제공하는 행과 열을 바꾸는 trainspose 함수를 사용하겠습니다.

```
x_train = np.transpose(x_train)
y_train = np.transpose(y_train)
x_test = np.transpose(x_test)
y_test = np.transpose(y_test)
x_predict = np.transpose(x_predict)

print(x_train.shape)
print(x_test.shape)
print(x_predict.shape)
```

위와 같이 transpose 함수를 사용한 후 shape를 확인하도록 하겠습니다.

```
(7, 2)
(3, 2)
(3, 2)
```

우리가 원하는 컬럼이 2개짜리 데이터로 잘 변환되었습니다. 이제 모델을 구성하겠습니다. 인풋 컬럼이 2개이므로 input_dim=2가 됩니다. input_shape=(2,)로 해도 상관없습니다. 아웃풋 컬럼 역시 2개이므로 최종 레이어를 2개로 구성합니다.

```
#2. 모델 구성
from keras.models import Sequential
from keras.layers import Dense
model = Sequential()

model.add(Dense(100, input_dim = 2, activation ='relu'))
model.add(Dense(30))
model.add(Dense(5))
model.add(Dense(2))
```

훈련 및 평가 예측 코드는 1-1) 1:1 모델과 동일합니다. 같은 형식이므로 특별히 수정할 필요가 없습니다.

```
#3. 훈련
model.compile(loss='mse', optimizer='adam', metrics=['mse'])
model.fit(x_train, y_train, epochs=100, batch_size=1)

#4. 평가 예측
loss, mse = model.evaluate(x_test, y_test, batch_size=1)
print("mse : ", mse)

y_predict = model.predict(x_predict)
print("예측값 : \n", y_predict)
```

이제 실행해보도록 하겠습니다.

```
mse :  0.11290247117479642
예측값 :  [[17.636997 31.641722]
 [18.379091 32.710133]
 [19.11932  33.782192]]
```

---

mse는 0.11 정도로 괜찮게 나온 편이나, 예측한 값이 오차가 큽니다. x_predict
는 [21, 31], [22, 32], [23, 33]을 입력하였으나, [[17.63, 31.64], [18.37, 32.71], [19.11,
33.78]로 오차가 상당히 큽니다. 레이어와 노드의 개수를 조절하여 정확도를 높여야
하겠습니다. 전체 소스입니다.

```
#1. 데이터
import numpy as np
x_train = np.array([[1,2,3,4,5,6,7,], [11,12,13,14,15,16,17]])
y_train = np.array([[1,2,3,4,5,6,7,], [11,12,13,14,15,16,17]])

x_test = np.array([[8,9,10], [18,19,20]])
y_test = np.array([[8,9,10], [18,19,20]])

x_predict = np.array([[21,22,23], [31,32,33]])

print(x_train.shape)
print(x_test.shape)
```

```python
print(x_predict.shape)

x_train = np.transpose(x_train)
y_train = np.transpose(y_train)
x_test = np.transpose(x_test)
y_test = np.transpose(y_test)
x_predict = np.transpose(x_predict)

print(x_train.shape)
print(x_test.shape)
print(x_predict.shape)

#2. 모델 구성
from keras.models import Sequential
from keras.layers import Dense
model = Sequential()

model.add(Dense(100, input_dim = 2, activation ='relu'))
model.add(Dense(30))
model.add(Dense(5))
model.add(Dense(2))

#3. 훈련
model.compile(loss='mse', optimizer='adam', metrics=['mse'])
model.fit(x_train, y_train, epochs=100, batch_size=1)

#4. 평가 예측
loss, mse = model.evaluate(x_test, y_test, batch_size=1)
print("mse : ", mse)

y_predict = model.predict(x_predict)
print("예측값 : \n", y_predict)
```

3) Sequential 다:1 모델

이번에는 여러 개의 컬럼이 입력되어 1개의 값이 출력되는 Sequential 모델을 만들겠습니다. 일반적으로 가장 많이 나오는 모델입니다. 데이터를 준비합니다.

```
#1. 데이터
import numpy as np
x_train = np.array([[1,2,3,4,5,6,7,], [11,12,13,14,15,16,17]])
y_train = np.array([1,2,3,4,5,6,7,])

x_test = np.array([[8,9,10], [18,19,20]])
y_test = np.array([8,9,10])

x_predict = np.array([[21,22,23], [31,32,33]])
```

1에서 7, 11에서 17의 x트레인 값과 1에서 7까지의 y트레인 값을 이용해서 훈련을
시킵니다. 8, 9, 10, 18, 19, 20의 x테스트 값과 8, 9, 10의 y테스트 값으로 평가를 한
뒤 21, 22, 23, 31, 32, 33으로 어떤 값이 나올지 예측합니다. 우선 x값들과 y값들의
shape를 확인합니다. 다음 코드를 코딩합니다.

```
print('x_train.shape : ', x_train.shape)
print('y_train.shape : ', y_train.shape)
print('x_test.shape : ' , x_test.shape)
print('y_test.shape : ' , y_test.shape)
print('x_predict.shape : ', x_predict.shape )
```

실행합니다.

```
x_train.shape :  (2, 7)
y_train.shape :  (7,)
x_test.shape :  (2, 3)
y_test.shape :  (3,)
x_predict.shape :  (2, 3)
```

y값은 디멘션이 1개짜리로 정상적으로 보이나, x값들은 행과 열을 바꿔주어야 합
니다. x값들만 transpose한 후 결과를 확인합니다.

```
x_train = np.transpose(x_train)
x_test = np.transpose(x_test)
x_predict = np.transpose(x_predict)

print('x_train.shape : ', x_train.shape)
print('y_train.shape : ', y_train.shape)
print('x_test.shape : ' , x_test.shape)
print('y_test.shape : ' , y_test.shape)
print('x_predict.shape : ', x_predict.shape )
```

실행합니다.

```
x_train.shape :  (7, 2)
y_train.shape :  (7,)
x_test.shape :  (3, 2)
y_test.shape :  (3,)
x_predict.shape :  (3, 2)
```

x는 각각 (7, 2), (3, 2), (3, 2)로 input_dim=2에 입력할 수 있는 정상적인 shape로 변경되었습니다. 이제 모델을 구성합니다. 인풋은 2개의 컬럼, 출력은 1개의 컬럼인 모델입니다.

```
#2. 모델 구성
from keras.models import Sequential
from keras.layers import Dense
model = Sequential()

model.add(Dense(100, input_dim = 2, activation ='relu'))
model.add(Dense(30))
model.add(Dense(5))
model.add(Dense(1))
```

훈련과 평가 예측은 1:1, 다:다 모델 때와 동일하고, 수정할 필요가 없습니다.

```
#3. 훈련
model.compile(loss='mse', optimizer='adam', metrics=['mse'])
model.fit(x_train, y_train, epochs=100, batch_size=1)

#4. 평가 예측
loss, mse = model.evaluate(x_test, y_test, batch_size=1)
print("mse : ", mse)

y_predict = model.predict(x_predict)
print("예측값 : \n", y_predict)
```

실행 결과입니다.

```
mse :  0.25752746934692067
예측값 :
 [[17.632473]
 [18.41044 ]
 [19.190317]]
```

mse는 0.25 정도면 그럭저럭 괜찮은 편이나, 예측값은 우리가 일반적으로 생각하는 값(21, 22, 23)보다는 많이 안 좋은 편입니다. 그러나 사실 선형 회귀 모델을 그릴 때 입력된 2개의 x값의 범위 자체가 다르기 때문에 어쩌면 이 값은 나쁘지 않을 수도 있습니다. 독자 여러분들은 레이어와 노드의 개수를 조절해서 예측값을 조금 더 올려보기 바랍니다. 전체 소스입니다.

```
#1. 데이터
import numpy as np
x_train = np.array([[1,2,3,4,5,6,7,], [11,12,13,14,15,16,17]])
y_train = np.array([1,2,3,4,5,6,7,])

x_test = np.array([[8,9,10], [18,19,20]])
y_test = np.array([8,9,10])
```

```python
x_predict = np.array([[21,22,23], [31,32,33]])

print('x_train.shape : ', x_train.shape)
print('y_train.shape : ', y_train.shape)
print('x_test.shape : ' , x_test.shape)
print('y_test.shape : ' , y_test.shape)
print('x_predict.shape : ', x_predict.shape )

x_train = np.transpose(x_train)
x_test = np.transpose(x_test)
x_predict = np.transpose(x_predict)

print('x_train.shape : ', x_train.shape)
print('y_train.shape : ', y_train.shape)
print('x_test.shape : ' , x_test.shape)
print('y_test.shape : ' , y_test.shape)
print('x_predict.shape : ', x_predict.shape )

#2. 모델 구성
from keras.models import Sequential
from keras.layers import Dense
model = Sequential()

model.add(Dense(100, input_dim = 2, activation ='relu'))
model.add(Dense(30))
model.add(Dense(5))
model.add(Dense(1))

#3. 훈련
model.compile(loss='mse', optimizer='adam', metrics=['mse'])
model.fit(x_train, y_train, epochs=100, batch_size=1)

#4. 평가 예측
loss, mse = model.evaluate(x_test, y_test, batch_size=1)
print("mse : ", mse)

y_predict = model.predict(x_predict)
print("예측값 : \n", y_predict)
```

4) Sequential 1:다 모델

자주 나오는 모델은 아닙니다. 하지만 이런 모델도 구성된다는 점을 알아두세요. 1개의 컬럼이 입력되어 2개의 컬럼 이상이 출력되는 모델입니다. x는 디멘션이 1개, y는 디멘션이 2개가 되도록 데이터를 구성합니다.

x_train 데이터 1에서 7로, y데이터 1에서 7, 11에서 17을 훈련시킨 뒤 x_test 데이터 8, 9, 10으로 y_test 데이터 8, 9, 10, 18, 19, 20을 평가합니다. 이후 x_predict로 11, 12, 13을 넣어 어떤 값이 나올지 예측합니다.

```
#1. 데이터
import numpy as np
x_train = np.array([1,2,3,4,5,6,7,])
y_train = np.array([[1,2,3,4,5,6,7,], [11,12,13,14,15,16,17]])

x_test = np.array([8,9,10])
y_test = np.array([[8,9,10], [18,19,20]])

x_predict = np.array([11,12,13])

print('x_train.shape : ', x_train.shape)
print('y_train.shape : ', y_train.shape)
print('x_test.shape : ' , x_test.shape)
print('y_test.shape : ' , y_test.shape)
print('x_predict.shape : ', x_predict.shape )
```

실행 결과입니다.

```
x_train.shape :  (7,)
y_train.shape :  (2, 7)
x_test.shape :  (3,)
y_test.shape :  (2, 3)
x_predict.shape :  (3,)
```

y의 차원이 각각 2행 7열, 2행 3열이 되도록 바꿔주어야 합니다.

```
y_train = np.transpose(y_train)
y_test = np.transpose(y_test)

print('x_train.shape : ', x_train.shape)
print('y_train.shape : ', y_train.shape)
print('x_test.shape : ' , x_test.shape)
print('y_test.shape : ' , y_test.shape)
print('x_predict.shape : ', x_predict.shape )
```

실행 결과입니다.

```
x_train.shape :  (7,)
y_train.shape :  (7, 2)
x_test.shape :  (3,)
y_test.shape :  (3, 2)
x_predict.shape :  (3,)
```

x는 벡터 형태로 잘 나왔고, y는 ?행 2열 형태로 잘 나왔습니다. 모델을 구성합니다. 인풋이 1개, 아웃풋이 2개이므로 모델의 input_dim = 1과 최종 출력 레이어의 노드 수를 2로 조정합니다.

```
#2. 모델 구성
from keras.models import Sequential
from keras.layers import Dense
model = Sequential()

model.add(Dense(100, input_dim = 1, activation ='relu'))
model.add(Dense(30))
model.add(Dense(5))
model.add(Dense(2))
```

훈련과 평가 예측은 기존과 동일합니다.

```
#3. 훈련
model.compile(loss='mse', optimizer='adam', metrics=['mse'])
model.fit(x_train, y_train, epochs=100, batch_size=1)

#4. 평가 예측
loss, mse = model.evaluate(x_test, y_test, batch_size=1)
print("mse : ", mse)

y_predict = model.predict(x_predict)
print("예측값 : \n", y_predict)
```

실행 결과입니다.

```
mse :   0.24606728553771973
예측값 :
 [[10.02183  21.250298]
 [10.865965 22.287603]
 [11.710101 23.324911]]
```

mse는 0.24로 평범하게 나왔고, 8, 9, 10은 10.02, 10.86, 11.71과 21.25, 22.28, 23.
32로 예측값은 범위를 좀 많이 벗어난 듯합니다. 하이퍼파라미터 튜닝을 좀 더 해서
mse를 더 낮추고 예측값을 올리는 작업이 필요할 듯합니다. 이런 모델도 된다는 것
을 이해하세요. 이로써 단순 DNN Sequential에서 나올 수 있는 4가지를 살펴보았습
니다. 앞으로 이 모델들을 함수형으로 만드는 방법에 대해 알아보도록 하겠습니다.

2. 함수형 모델

1) 함수형 1:1 모델

이제부터 함수형 모델로 들어갑니다. 딥러닝 케라스의 모델은 앞서 보았던 순차적 모
델(Sequential)과 이번에 할 함수형 모델 두 가지가 있습니다. 앞서 Sequential 모델

에 대해서는 배워보았습니다. Sequential형 모델과 비교하여 다시 한 번 알아보고 정
리하도록 하겠습니다. 데이터와 입력 출력은 Sequential과 동일하기 때문에 빠르게
지나가도록 하겠습니다. 데이터를 준비합니다.

```
#1. 데이터
import numpy as np
x_train = np.array([1,2,3,4,5,6,7,])
y_train = np.array([1,2,3,4,5,6,7,])

x_test = np.array([8,9,10])
y_test = np.array([8,9,10])

x_predict = np.array(11,12,13)
```

1에서 7까지의 데이터를 머신에게 훈련시킨 다음 8, 9, 10의 데이터로 평가 후 11, 12,
13으로 훈련이 잘되었는지 예측하도록 하겠습니다. 모델을 준비합니다. 이제 함수형
구조로 만들어줍니다.

```
#2. 모델 구성
from keras.models import Model
from keras.layers import Dense, Input

input1 = Input(shape=(1,))
dense1 = Dense(100, activation='relu')(input1)
dense2 = Dense(30)(dense1)
dense3 = Dense(5)(dense2)
output1 = Dense(1)(dense3)

model = Model(inputs = input1, outputs= output1)
```

함수형 모델을 만들 때 주의할 점의 다음 레이어의 인풋은 현재 레이어의 아웃풋이
라는 것입니다. input1이 dense1 후미에 붙어 인풋이 되는 것을 확인하면 됩니다.
Sequential 모델은 위에서 먼저 model=Sequential()로 선언해주지만, 함수형 모델

은 마지막에 model=Model(inputs, outpus)로 선언해주는 차이가 있습니다.

함수형 모델을 사용하고, 첫 번째 히든 레이어는 100개, 두 번째 히든은 30개, 세 번째
는 5개, 최종 아웃풋 레이어는 1개로 레이어와 노드를 구성합니다. 이제 데이터를 컴
파일하고 훈련합니다.

```
#3. 훈련
model.compile(loss='mse', optimizer='adam', metrics=['mse'])
model.fit(x_train, y_train, epochs=100, batch_size=1)
```

loss는 mse로 구성하여 최저의 손실값을 구하고, 이를 구하기 위한 optimizer는
adam을 사용합니다. 훈련 내용을 보여주기 위해 metrics는 mse를 사용합니다. x_
train과 y_train을 총 100번 훈련시키고, batch_size는 1개씩 잘라 사용합니다. 참고
로 batch_size를 넣지 않으면 디폴트는 16입니다.

```
#4. 평가 예측
loss, mse = model.evaluate(x_test, y_test, batch_size=1)
print("mse : ", mse)

y_predict = model.predict(x_predict)
print("예측값 : \n", y_predict)
```

x_test와 y_test로 평가하고, x_predict 11, 12, 13으로 예측값을 확인합니다. 여기까
지 코딩이 됐다면 바로 실행을 해봅니다. 실행 결과입니다.

```
mse :  3.0621826378289065e-06
예측값 :
 [[10.99729 ]
 [11.996786]
 [12.996283]]
```

mse가 소수 일곱 번째 자리까지 내려간 걸 보니 상당히 학습이 잘 이루어진 걸 알 수 있습니다. 예측값 역시 10.99, 11.99, 12.99로 원데이터 11, 12, 13과 비교하여 거의 맞아떨어졌습니다. 다음은 전체 소스입니다.

```
#1. 데이터
import numpy as np
x_train = np.array([1,2,3,4,5,6,7,])
y_train = np.array([1,2,3,4,5,6,7,])

x_test = np.array([8,9,10])
y_test = np.array([8,9,10])

x_predict = np.array([11,12,13])

#2. 모델 구성
from keras.models import Model
from keras.layers import Dense, Input

input1 = Input(shape=(1,))
dense1 = Dense(100, activation='relu')(input1)
dense2 = Dense(30)(dense1)
dense3 = Dense(5)(dense2)
output1 = Dense(1)(dense3)

model = Model(inputs = input1, outputs= output1)

#3. 훈련
model.compile(loss='mse', optimizer='adam', metrics=['mse'])
model.fit(x_train, y_train, epochs=100, batch_size=1)

#4. 평가 예측
loss, mse = model.evaluate(x_test, y_test, batch_size=1)
print("mse : ", mse)

y_predict = model.predict(x_predict)
print("예측값 : \n", y_predict)
```

2) 함수형 다:다 모델

이번에는 입력과 출력에 컬럼이 2개 이상인 데이터를 사용하는 함수형 모델을 만들어 보겠습니다. 편의상으로 컬럼을 2개로 하겠습니다. 먼저, 데이터를 구성합니다.

```
#1. 데이터
import numpy as np
x_train = np.array([[1,2,3,4,5,6,7,], [11,12,13,14,15,16,17]])
y_train = np.array([[1,2,3,4,5,6,7,], [11,12,13,14,15,16,17]])

x_test = np.array([[8,9,10], [18,19,20]])
y_test = np.array([[8,9,10], [18,19,20]])

x_predict = np.array([[21,22,23], [31,32,33]])
print(x_train.shape)
print(x_test.shape)
print(x_predict.shape)
```

1에서 7까지의 데이터와 11에서 17까지의 데이터로 훈련을 시킨 다음 8, 9, 10 과 18, 19, 20을 이용하여 평가합니다. 그리고 21, 22, 23과 31, 32, 33이 잘 예측하는지 맞추는 모델을 만들도록 하겠습니다. shape를 조절하는 부분에 대해서는 Sequential 모델에서 설명하였으므로 생략하고 넘어가겠습니다. 행과 열을 바꿔 shape를 조절하겠습니다.

```
_train = np.transpose(x_train)
y_train = np.transpose(y_train)
x_test = np.transpose(x_test)
y_test = np.transpose(y_test)
x_predict = np.transpose(x_predict)

print(x_train.shape)
print(x_test.shape)
print(x_predict.shape)
```

```
(7, 2)
(3, 2)
(3, 2)
```

우리가 원하는 컬럼이 2개짜리 데이터로 잘 변환되었습니다. 이제 모델을 구성하겠습니다. 인풋 컬럼이 2개이므로 input_shape=(2,)가 됩니다. 함수형 모델에서는 input_dim을 사용하지 않습니다. 아웃풋 컬럼 역시 2개이므로 최종 레이어를 2로 구성합니다.

```
#2. 모델 구성
from keras.models import Model
from keras.layers import Dense, Input

input1 = Input(shape=(2,))
dense1 = Dense(100, activation='relu')(input1)
dense2 = Dense(30)(dense1)
dense3 = Dense(5)(dense2)
output1 = Dense(2)(dense3)

model = Model(inputs = input1, outputs= output1)
```

훈련 및 평가 예측 코드는 1:1 모델과 동일합니다. 같은 형식이므로 특별히 수정할 필요가 없습니다. input1의 shape=(2,)와 output1의 Dense(2)를 확인합니다.

```
#3. 훈련
model.compile(loss='mse', optimizer='adam', metrics=['mse'])
model.fit(x_train, y_train, epochs=100, batch_size=1)

#4. 평가 예측
loss, mse = model.evaluate(x_test, y_test, batch_size=1)
print("mse : ", mse)

y_predict = model.predict(x_predict)
print("예측값 : \n", y_predict)
```

이제 실행해보도록 하겠습니다.

```
mse :  0.1607081020871798
예측값 :
 [[17.14729  33.215786]
 [17.841629 34.382233]
 [18.535961 35.548676]]
```

---

mse는 0.11 정도로 괜찮게 나온 편이나, 예측한 값이 오차가 큽니다. x_predict 는 [21, 31], [22, 32], [23, 33]을 입력하였으나, [17.14, 33.21], [17.84, 34.38], [18.53, 35.54]로 오차가 상당히 큽니다. 레이어와 노드의 개수를 조절하여 정확도를 높여야 하겠습니다. 전체 소스입니다.

```
#1. 데이터
import numpy as np
x_train = np.array([[1,2,3,4,5,6,7,], [11,12,13,14,15,16,17]])
y_train = np.array([[1,2,3,4,5,6,7,], [11,12,13,14,15,16,17]])

x_test = np.array([[8,9,10], [18,19,20]])
y_test = np.array([[8,9,10], [18,19,20]])

x_predict = np.array([[21,22,23], [31,32,33]])

print(x_train.shape)
print(x_test.shape)
print(x_predict.shape)

x_train = np.transpose(x_train)
y_train = np.transpose(y_train)
x_test = np.transpose(x_test)
y_test = np.transpose(y_test)
x_predict = np.transpose(x_predict)

print(x_train.shape)
print(x_test.shape)
```

```
print(x_predict.shape)

#2. 모델 구성
from keras.models import Model
from keras.layers import Dense, Input

input1 = Input(shape=(2,))
dense1 = Dense(100, activation='relu')(input1)
dense2 = Dense(30)(dense1)
dense3 = Dense(5)(dense2)
output1 = Dense(2)(dense3)

model = Model(inputs = input1, outputs= output1)

#3. 훈련
model.compile(loss='mse', optimizer='adam', metrics=['mse'])
model.fit(x_train, y_train, epochs=100, batch_size=1)

#4. 평가 예측
loss, mse = model.evaluate(x_test, y_test, batch_size=1)
print("mse : ", mse)

y_predict = model.predict(x_predict)
print("예측값 : \n", y_predict)
```

3) 함수형 다:1 모델

이번에는 여러 개의 컬럼이 입력되어 1개의 값이 출력되는 Sequential 모델을 만들겠습니다. 데이터를 준비합니다.

```
#1. 데이터
import numpy as np
x_train = np.array([[1,2,3,4,5,6,7,], [11,12,13,14,15,16,17]])
y_train = np.array([1,2,3,4,5,6,7,])

x_test = np.array([[8,9,10], [18,19,20]])
```

```
y_test = np.array([8,9,10])

x_predict = np.array([[21,22,23], [31,32,33]])
```

1에서 7, 11에서 17의 x 트레인 값과 1에서 7까지의 y 트레인 값을 이용해서 훈련을
시킵니다. 8, 9, 10, 18, 19, 20의 x테스트 값과 8,9,10의 y 테스트 값으로 평가를 한 다
음 21, 22, 23, 31, 32, 33으로 어떤 값이 나올지 예측합니다. 먼저, x값들과 y값들의
shape를 확인합니다. 다음 코드를 코딩합니다.

```
print('x_train.shape : ', x_train.shape)
print('y_train.shape : ', y_train.shape)
print('x_test.shape : ' , x_test.shape)
print('y_test.shape : ' , y_test.shape)
print('x_predict.shape : ', x_predict.shape )
```

실행합니다.

```
x_train.shape :  (2, 7)
y_train.shape :  (7,)
x_test.shape :  (2, 3)
y_test.shape :  (3,)
x_predict.shape :  (2, 3)
```

y값은 디멘션이 1개짜리로 정상적으로 보이나, x값들은 행과 열을 바꿔주어야 합
니다. x값들만 transpose한 후 결과를 확인합니다.

```
x_train = np.transpose(x_train)
x_test = np.transpose(x_test)
x_predict = np.transpose(x_predict)

print('x_train.shape : ', x_train.shape)
print('y_train.shape : ', y_train.shape)
```

```
print('x_test.shape : ' , x_test.shape)
print('y_test.shape : ' , y_test.shape)
print('x_predict.shape : ', x_predict.shape )
```

실행합니다.

```
x_train.shape :  (7, 2)
y_train.shape :  (7,)
x_test.shape :  (3, 2)
y_test.shape :  (3,)
x_predict.shape :  (3, 2)
```

x는 각각 (7, 2), (3, 2), (3, 2)로 input_shape=(2,)에 입력할 수 있는 정상적인 shape
로 변경되었습니다. 이제 모델을 구성합니다. 인풋은 2개의 컬럼, 출력은 1개의 컬럼
인 모델입니다.

```
#2. 모델 구성
from keras.models import Model
from keras.layers import Dense, Input

input1 = Input(shape=(2,))
dense1 = Dense(100, activation='relu')(input1)
dense2 = Dense(30)(dense1)
dense3 = Dense(5)(dense2)
output1 = Dense(1)(dense3)
```

input(shape=(2,))와 output1의 아웃풋이 1인 것을 확인합니다. 훈련과 평가 예측
은 1:1, 다:다 모델때와 동일하고 수정할 필요가 없습니다.

```
#3. 훈련
model.compile(loss='mse', optimizer='adam', metrics=['mse'])
model.fit(x_train, y_train, epochs=100, batch_size=1)
```

```
#4. 평가 예측
loss, mse = model.evaluate(x_test, y_test, batch_size=1)
print("mse : ", mse)

y_predict = model.predict(x_predict)
print("예측값 : \n", y_predict)
```

실행 결과입니다.

```
mse :   0.00033633051983391243
예측값 :
 [[20.410507]
 [21.336296]
 [22.262081]]
```

mse가 0.00033으로 꽤 괜찮은 값이 나왔습니다. 그러나 예측된 결과는 우리가 통상적으로 생각하는 값(21, 22, 23)보다는 조금 안 좋은 편입니다. 그러나 사실 선형 회귀모델을 그릴 때 입력된 2개의 x값의 범위 자체가 다르기 때문에 어쩌면 이 값은 나쁘지 않을 수도 있습니다. 독자 여러분들은 레이어와 노드의 개수를 조절해서 예측값을 조금 더 올려보기 바랍니다. 전체 소스입니다.

```
#1. 데이터
import numpy as np
x_train = np.array([[1,2,3,4,5,6,7,], [11,12,13,14,15,16,17]])
y_train = np.array([1,2,3,4,5,6,7,])

x_test = np.array([[8,9,10], [18,19,20]])
y_test = np.array([8,9,10])

x_predict = np.array([[21,22,23], [31,32,33]])

print('x_train.shape : ', x_train.shape)
print('y_train.shape : ', y_train.shape)
print('x_test.shape : ' , x_test.shape)
```

```python
print('y_test.shape : ' , y_test.shape)
print('x_predict.shape : ', x_predict.shape )

x_train = np.transpose(x_train)
x_test = np.transpose(x_test)
x_predict = np.transpose(x_predict)

print('x_train.shape : ', x_train.shape)
print('y_train.shape : ', y_train.shape)
print('x_test.shape : ' , x_test.shape)
print('y_test.shape : ' , y_test.shape)
print('x_predict.shape : ', x_predict.shape )

#2. 모델 구성
from keras.models import Model
from keras.layers import Dense, Input

input1 = Input(shape=(2,))
dense1 = Dense(100, activation='relu')(input1)
dense2 = Dense(30)(dense1)
dense3 = Dense(5)(dense2)
output1 = Dense(1)(dense3)

model = Model(inputs = input1, outputs= output1)

#3. 훈련
model.compile(loss='mse', optimizer='adam', metrics=['mse'])
model.fit(x_train, y_train, epochs=100, batch_size=1)

#4. 평가 예측
loss, mse = model.evaluate(x_test, y_test, batch_size=1)
print("mse : ", mse)

y_predict = model.predict(x_predict)
print("예측값 : \n", y_predict)
```

4) 함수형 1:다 모델

Sequential 모델의 다:다 모델과 마찬가지로, 자주 나오는 모델은 아닙니다. 하지만 이런 모델도 구성된다는 것을 알기 바랍니다. 1개의 컬럼이 입력되어 2개의 컬럼 이상이 출력되는 모델입니다. 데이터를 구성합니다. x는 디멘션이 1개, y는 디멘션이 2개로 구성합니다.

x_train 데이터 1에서 7로, y데이터 1에서 7, 11에서 17을 훈련시킨 다음 x_test 데이터 8, 9, 10으로 y_test 데이터 8, 9, 10, 18, 19, 20을 평가합니다. 이후 x_predict로 11, 12, 13을 넣어 어떤 값이 나올지 예측합니다.

```
#1. 데이터
import numpy as np
x_train = np.array([1,2,3,4,5,6,7,])
y_train = np.array([[1,2,3,4,5,6,7,], [11,12,13,14,15,16,17]])

x_test = np.array([8,9,10])
y_test = np.array([[8,9,10], [18,19,20]])

x_predict = np.array([11,12,13])

print('x_train.shape : ', x_train.shape)
print('y_train.shape : ', y_train.shape)
print('x_test.shape : ' , x_test.shape)
print('y_test.shape : ' , y_test.shape)
print('x_predict.shape : ', x_predict.shape )
```

실행 결과입니다.

```
x_train.shape :  (7,)
y_train.shape :  (2, 7)
x_test.shape :  (3,)
y_test.shape :  (2, 3)
x_predict.shape :  (3,)
```

y의 차원이 각각 2행 7열, 2행 3열이므로, 행과 열을 바꿔주어야 합니다.

```
y_train = np.transpose(y_train)
y_test = np.transpose(y_test)

print('x_train.shape : ', x_train.shape)
print('y_train.shape : ', y_train.shape)
print('x_test.shape : ' , x_test.shape)
print('y_test.shape : ' , y_test.shape)
print('x_predict.shape : ', x_predict.shape )
```

실행 결과입니다.

```
x_train.shape :  (7,)
y_train.shape :  (7, 2)
x_test.shape :  (3,)
y_test.shape :  (3, 2)
x_predict.shape :  (3,)
```

x는 벡터 형태로 잘 나왔고, y는 ?행 2열 형태로 잘 나왔습니다. 모델을 구성합니다. 인풋이 1개, 아웃풋이 2개이므로 모델의 input_shape = (1,)과 최종 출력 레이어의 노드 수를 2로 조정합니다.

```
#2. 모델 구성
from keras.models import Model
from keras.layers import Dense, Input

input1 = Input(shape=(1,))
dense1 = Dense(100, activation='relu')(input1)
dense2 = Dense(30)(dense1)
dense3 = Dense(5)(dense2)
output1 = Dense(2)(dense3)

model = Model(inputs = input1, outputs= output1)
```

훈련과 평가 예측은 기존과 동일합니다.

```
#3. 훈련
model.compile(loss='mse', optimizer='adam', metrics=['mse'])
model.fit(x_train, y_train, epochs=100, batch_size=1)

#4. 평가 예측
loss, mse = model.evaluate(x_test, y_test, batch_size=1)
print("mse : ", mse)

y_predict = model.predict(x_predict)
print("예측값 : \n", y_predict)
```

실행 결과입니다.

```
mse :  0.10356642057498296
예측값 :
 [[10.441131 21.321299]
 [11.354798 22.36845 ]
 [12.268464 23.415602]]
```

mse는 0.1로 평범하게 나왔고, 8, 9, 10은 10.44, 11.35, 12.26과 21.32, 22.36, 23.41
로 예측값은 범위를 좀 많이 벗어난 듯합니다. 하이퍼파라미터 튜닝을 좀 더 해서
mse를 더 낮추고 예측값을 올리는 작업이 필요할 듯합니다. 먼저, 이런 모델도 가능
하다는 것을 이해하세요. 이로서 단순 DNN 함수형 모델에서 나올 수 있는 4가지를
살펴보았습니다. 다음 장은 이 모델들을 앙상블로 만들어보겠습니다.

3. 앙상블 및 기타 모델

1) 앙상블 다:다 모델

앙상블은 여러 모델을 합치는 모델로, 1:1 모델은 없습니다. 2개의 모델이 합쳐져서 2개의 모델로 출력되는(다:다) 모델부터 만들어보겠습니다. 데이터를 구성합니다.

```
#1. 데이터
import numpy as np

x1 = np.array([range(1, 101), range(101, 201)])
y1 = np.array([range(1, 101), range(101, 201)])
x2 = np.array([range(501, 601), range(601, 701)])
y2 = np.array([range(501, 601), range(601, 701)])

print(x1.shape)
print(x2.shape)
print(y1.shape)
print(y2.shape)
```

x1 데이터가 들어간 모델과 x2 데이터가 들어간 모델을 구성한 다음 y1 데이터와 y2 데이터가 각각 출력되는 모델을 만들겠습니다.

1에서 100까지의 100개의 데이터와 101에서 200까지의 데이터를 가진 모델1과, 501에서 601까지 100개와 601에서 700까지의 데이터 100개를 가진 모델2를 앙상블하겠습니다. 결과로는 마찬가지로 1에서 100까지와 101에서 201까지의 모델과 501에서 600, 601에서 700까지의 모델 두 가지로 출력되게 하고, 이를 훈련시키도록 합니다. 실행 결과입니다.

```
(100, 2)
(100, 2)
(100, 2)
(100, 2)
```

실행 결과 모두 (2, 100)의 shape를 가지고 있습니다. 입력이 (2,)가 될 수 있도록 transpose해주겠습니다.

```
x1 = np.transpose(x1)
y1 = np.transpose(y1)
x2 = np.transpose(x2)
y2 = np.transpose(y2)

print(x1.shape)
print(x2.shape)
print(y1.shape)
print(y2.shape)
```

실행 결과입니다.

```
(2, 100)
(2, 100)
(2, 100)
(2, 100)
```

모델의 shape에 맞도록 변환이 잘 되었습니다. 이제 train, test, validation을 나누겠습니다. 앞서 배웠던 train_test_split를 사용하여 8:1:1로 나누겠습니다. validation 까지 구성하므로 train_test_split를 두 번 사용하겠습니다.

shuffle = False는 데이터를 섞지 않겠다는 의미입니다. 이 소스상에서 이렇게 하는 것은 나중에 test 값으로 predict를 하게 될 것인데, 이때 predict 값을 보기 편하게 하기 위해서입니다.

```
from sklearn.model_selection import train_test_split
x1_train, x1_test, y1_train, y1_test = train_test_split(
    x1, y1, random_state=66, test_size=0.2, shuffle = False
)
x1_val, x1_test, y1_val, y1_test = train_test_split(
```

```
    x1_test, y1_test, random_state=66, test_size=0.5, shuffle = False
)

x2_train, x2_test, y2_train, y2_test = train_test_split(
    x2, y2, random_state=66, test_size=0.2, shuffle = False
)
x2_val, x2_test, y2_val, y2_test = train_test_split(
    x2_test, y2_test, random_state=66, test_size=0.5, shuffle = False
)

print('x2_train.shape : ', x2_train.shape)
print('x2_val.shape : ', x2_val.shape)
print('x2_test.shape : ', x2_test.shape)
```

x2의 train, test, validation의 실행 결과만 확인해보겠습니다.

```
x2_train.shape :  (60, 2)
x2_val.shape :  (20, 2)
x2_test.shape :  (20, 2)
```

정상적으로 잘 분리되어진 것을 확인할 수 있습니다. 모델을 구성해보겠습니다.
우선 input1과 input2를 구성합니다. 각각 (10,2)의 모델입니다. 따라서 input의
shape=(2,)가 됩니다.

```
#2. 모델 구성
from keras.models import Sequential, Model
from keras.layers import Dense, Input
# model = Sequential()

input1 = Input(shape=(2,))
dense1 = Dense(100, activation='relu')(input1)
dense1 = Dense(30)(dense1)
dense1 = Dense(7)(dense1_2)

input2 = Input(shape=(2,))
```

```
dense2 = Dense(50, activation='relu')(input2)
dense2 = Dense(30)(dense2)
dense2 = Dense(7)(dense2)
```

input1은 2, 100, 30, 7의 노드의 개수 구성을 하고, input2는 2, 50, 30, 7의 노드의 개수 구성을 합니다. 히든 레이어 부분의 노드의 개수 구성은 독자 여러분들이 원하는 어떤 값을 넣어도 상관없습니다. 반복해서 실습하다 보면 어느 정도의 노드를 구성하는 것이 좋은지 자연스럽게 익힐 수 있게 됩니다. 레이어의 깊이 역시 마찬가지입니다. 마지막 아웃풋 노드 역시 7인 것은 크게 상관없습니다. 앙상블에서 다시 연결되므로 이 역시도 히든 레이어이기 때문입니다. 이제 모델을 앙상블하겠습니다.

```
from keras.layers.merge import concatenate
merge1 = concatenate([dense1, dense2])

middle1 = Dense(10)(merge1)
middle2 = Dense(5)(middle1)
middle3 = Dense(30)(middle2)
```

concatenate로 dense1과 dense2를 merge했고, 이어서 히든 레이어 3개를 더 추가했습니다. 각각 노드는 10개, 5개, 50개로 해보았습니다. 이제 각 모델로 분기될 아웃풋 모델들을 만들겠습니다.

```
output1 = Dense(30)(middle3)
output1 = Dense(7)(output1)
output1 = Dense(3)(output1)

output2 = Dense(20)(middle3)
output2 = Dense(70)(output2)
output2 = Dense(3)(output2)
```

첫 번째 아웃풋 모델은 middle3으로부터 분기되어 30, 7의 히든 레이어를 거쳐 2개의 최종 아웃풋 노드로 출력됩니다. 두 번째 아웃풋 모델은 middle3으로 분기되어

20, 70의 히든 레이어를 거쳐 2개의 최종 아웃풋 모델로 출력됩니다. 이제 모델을 구성한 다음 summary( )해보겠습니다.

```
model = Model(inputs = [input1, input2],
              outputs = [output1, output2]
)
model.summary()
```

출력 결과입니다.

Layer (type)	Output Shape	Param #	Connected to
input_1 (InputLayer)	(None, 3)	0	
input_2 (InputLayer)	(None, 3)	0	
dense_1 (Dense)	(None, 100)	400	input_1[0][0]
dense_4 (Dense)	(None, 50)	200	input_2[0][0]
dense_2 (Dense)	(None, 30)	3030	dense_1[0][0]
dense_5 (Dense)	(None, 30)	1530	dense_4[0][0]
dense_3 (Dense)	(None, 7)	217	dense_2[0][0]
dense_6 (Dense)	(None, 7)	217	dense_5[0][0]
concatenate_1 (Concatenate)	(None, 14)	0	dense_3[0][0] dense_6[0][0]
dense_7 (Dense)	(None, 10)	150	concatenate_1[0][0]
dense_8 (Dense)	(None, 5)	55	dense_7[0][0]
dense_9 (Dense)	(None, 30)	180	dense_8[0][0]

```
----------------------------------------------------------------------------
dense_10 (Dense)              (None, 30)     930     dense_9[0][0]
----------------------------------------------------------------------------
dense_13 (Dense)              (None, 20)     620     dense_9[0][0]
----------------------------------------------------------------------------
dense_11 (Dense)              (None, 7)      217     dense_10[0][0]
----------------------------------------------------------------------------
dense_14 (Dense)              (None, 70)     1470    dense_13[0][0]
----------------------------------------------------------------------------
dense_12 (Dense)              (None, 2)      16      dense_11[0][0]
----------------------------------------------------------------------------
dense_15 (Dense)              (None, 2)      142     dense_14[0][0]
============================================================================
Total params: 9,374
Trainable params: 9,374
Non-trainable params: 0
----------------------------------------------------------------------------
```

input_1과 input_2에 각각 (None, 3)이 확인되는 것과 concatenate_1에 (None, 14)이 출력되는 것을 확인하면 됩니다. 특히 concatenate_1이 14가 되는 것은 모델1 과 모델2의 아웃풋인 dense_3 과 dense_6의 아웃풋이 각각 (None, 7)이고 이를 합 하면 (None, 14)이기 때문입니다. 최종 아웃풋은 각각 (None, 2)입니다. 훈련을 시 켜보겠습니다.

```
#3. 훈련
model.compile(loss='mse', optimizer='adam', metrics=['mse'])

model.fit([x1_train, x2_train], [y1_train, y2_train],
        epochs=50, batch_size=1,
        validation_data=([x1_val, x2_val] , [y1_val, y2_val]))
```

2개 이상의 x값과 y값이 입력되므로, 훈련을 위해 fit 함수에 x값 자리에 x1_train과 x2_train을 리스트로 묶어서 입력하고, y값 자리 역시 y1_train과 y2_tran을 리스트 로 묶어서 입력합니다. validation 역시 동일하게 리스트로 입력해줍니다. 평가 예측 을 하겠습니다.

```
#4. 평가 예측
mse = model.evaluate([x1_test, x2_test],
                        [y1_test, y2_test], batch_size=1)
print("mse : ", mse)

y1_predict, y2_predict = model.predict([x1_test, x2_test])
print("y1 예측값 : \n", y1_predict, "\n y2 예측값 : \n", y2_predict)
```

실행 결과입니다.

```
y1 예측값 :
[[ 88.056465 185.43611 ]
 [ 88.926956 186.29747 ]
 [ 89.7973   187.15874 ]
 [ 90.66769  188.02013 ]
 [ 91.538155 188.88144 ]
 [ 92.40855  189.74274 ]
 [ 93.27889  190.6041  ]
 [ 94.14932  191.46538 ]
 [ 95.019714 192.32669 ]
 [ 95.89011  193.18811 ]]
y2 예측값 :
[[593.8135  694.8702 ]
 [594.8444  695.9407 ]
 [595.8751  697.01117]
 [596.906   698.08154]
 [597.9367  699.15234]
 [598.96765 700.2229 ]
 [599.99835 701.29297]
 [601.0292  702.3638 ]
 [602.06024 703.4343 ]
 [603.0907  704.5045 ]]
```

원래 y1_test 값은 91에서 100, 191에서 200, y2_test 값은 591에서 600, 691에서 700인데 예측된 y1_predict는 90.36~98.47, 190에서 198, y2_predict는 590.93~

600.28, 690.55~700.25로 상당히 근접하게 맞추었습니다. epochs가 100번이고 노드와 레이어가 적은 모델임을 감안하면 괜찮은 결과입니다. test 값으로 predict해서, 값만 잘 나온 것일 수도 있습니다. 물론, 결과가 잘 나왔다는 표현이 적절치 않을 수도 있고, predict와 평가는 상당히 주관적일 수도 있습니다. 튜닝을 조금 더하여 더 좋은 값으로 만들어보세요. 다음은 전체 소스입니다.

```
#1. 데이터
import numpy as np

x1 = np.array([range(1, 101), range(101, 201)])
y1 = np.array([range(1, 101), range(101, 201)])
x2 = np.array([range(501, 601), range(601, 701)])
y2 = np.array([range(501, 601), range(601, 701)])

print(x1.shape)
print(x2.shape)
print(y1.shape)
print(y2.shape)

x1 = np.transpose(x1)
y1 = np.transpose(y1)
x2 = np.transpose(x2)
y2 = np.transpose(y2)

print(x1.shape)
print(x2.shape)
print(y1.shape)
print(y2.shape)

from sklearn.model_selection import train_test_split
x1_train, x1_test, y1_train, y1_test = train_test_split(
    x1, y1, random_state=66, test_size=0.2, shuffle = False
)
x1_val, x1_test, y1_val, y1_test = train_test_split(
    x1_test, y1_test, random_state=66, test_size=0.5, shuffle = False
)
```

```python
x2_train, x2_test, y2_train, y2_test = train_test_split(
    x2, y2, random_state=66, test_size=0.2, shuffle = False
)
x2_val, x2_test, y2_val, y2_test = train_test_split(
    x2_test, y2_test, random_state=66, test_size=0.5, shuffle = False
)

print('x2_train.shape : ', x2_train.shape)
print('x2_val.shape : ', x2_val.shape)
print('x2_test.shape : ', x2_test.shape)

#2. 모델 구성
from keras.models import Sequential, Model
from keras.layers import Dense, Input
# model = Sequential()

input1 = Input(shape=(2,))
dense1 = Dense(100, activation='relu')(input1)
dense1 = Dense(30)(dense1)
dense1 = Dense(7)(dense1)

input2 = Input(shape=(2,))
dense2 = Dense(50, activation='relu')(input2)
dense2 = Dense(30)(dense2)
dense2 = Dense(7)(dense2)

from keras.layers.merge import concatenate
merge1 = concatenate([dense1, dense2])

middle1 = Dense(10)(merge1)
middle2 = Dense(5)(middle1)
middle3 = Dense(30)(middle2)

output1 = Dense(30)(middle3)
output1 = Dense(7)(output1)
output1 = Dense(2)(output1)

output2 = Dense(20)(middle3)
output2 = Dense(70)(output2)
```

```
output2 = Dense(2)(output2)

model = Model(inputs = [input1, input2],
              outputs = [output1, output2]
)
model.summary()

#3. 훈련
model.compile(loss='mse', optimizer='adam', metrics=['mse'])

model.fit([x1_train, x2_train], [y1_train, y2_train],
          epochs=50, batch_size=1,
          validation_data=([x1_val, x2_val], [y1_val, y2_val]))

#4. 평가 예측
mse = model.evaluate([x1_test, x2_test],
                     [y1_test, y2_test], batch_size=1)
print("mse : ", mse)

y1_predict, y2_predict = model.predict([x1_test, x2_test])
print("y1 예측값 : \n", y1_predict, "\n y2 예측값 : \n", y2_predict)
```

2) 앙상블 다:다 모델2

이번에는 2개의 모델이 입력되어 3개의 모델이 출력되는 앙상블 2:3 모델을 만들어
보겠습니다. 자주 나오는 모델은 아니지만, 이런 모델도 가능하다는 것을 알고 실습
해보세요. 먼저 데이터를 준비합니다. 다:다 모델에서 사용했던 데이터에 y3 데이터
를 추가합니다.

```
# 앙상블 다:다 모델2
#1. 데이터
import numpy as np

x1 = np.array([range(1, 101), range(101, 201)])
y1 = np.array([range(1, 101), range(101, 201)])
```

```
x2 = np.array([range(501, 601), range(601, 701)])
y2 = np.array([range(501, 601), range(601, 701)])
y3 = np.array([range(701, 801), range(801, 901)])

print(x1.shape)
print(x2.shape)
print(y1.shape)
print(y2.shape)
print(y3.shape)
```

x1, x2가 두 개의 모델로 인풋되어, y1, y2,y3가 아웃풋으로 나오는 모델입니다. 이 모델을 우리는 훈련시켜 최적의 가중치와 최소의 loss 값을 구하게 됩니다. 이 결과를 predict 값으로 확인하도록 코딩하겠습니다. 데이터의 행과 열을 모델에 입력될 수 있게 transpose해줍니다.

```
x1 = np.transpose(x1)
y1 = np.transpose(y1)
x2 = np.transpose(x2)
y2 = np.transpose(y2)
y3 = np.transpose(y3)

print(x1.shape)
print(x2.shape)
print(y1.shape)
print(y2.shape)
print(y3.shape)
```

실행 결과 데이터의 입력과 출력 shape가 정상적으로 잘 배치되었습니다.

```
(100, 2)
(100, 2)
(100, 2)
(100, 2)
(100, 2)
```

train_test_split로 데이터를 8:1:1로 잘라줍니다. 단, 이제 y값이 하나가 더 늘었으므로 train_test_split도 늘어난 y3 데이터만을 단독으로 잘라줘야 합니다. 특히 y3 데이터를 자르는 부분을 주의 깊게 살펴보세요.

```python
from sklearn.model_selection import train_test_split
x1_train, x1_test, y1_train, y1_test = train_test_split(
    x1, y1, random_state=66, test_size=0.2, shuffle = False
)
x1_val, x1_test, y1_val, y1_test = train_test_split(
    x1_test, y1_test, random_state=66, test_size=0.5, shuffle = False
)

x2_train, x2_test, y2_train, y2_test = train_test_split(
    x2, y2, random_state=66, test_size=0.2, shuffle = False
)
x2_val, x2_test, y2_val, y2_test = train_test_split(
    x2_test, y2_test, random_state=66, test_size=0.5, shuffle = False
)

# y3 데이터의 분리
y3_train, y3_test = train_test_split(
    y3 , random_state=66, test_size=0.2, shuffle=False
)
y3_val, y3_test = train_test_split(
    y3_test , random_state=66, test_size=0.5, shuffle=False
)
```

train_test_split는 x와 y 꼭 1쌍이 아닌 1개의 파라미터만 넣어도 데이터를 분리할 수 있습니다. 데이터들이 잘 분리되었는지를 대표해서 y3값으로 확인하겠습니다.

```python
print('y3_train.shape : ', y3_train.shape)
print('y3_val.shape : ', y3_val.shape)
print('y3_test.shape : ', y3_test.shape)
```

실행 결과입니다.

```
y3_train.shape :  (80, 2)
y3_val.shape :  (10, 2)
y3_test.shape :  (10, 2)
```

8:1:1로 정상적으로 잘 잘렸습니다. 계속해서 모델을 구성해보겠습니다. 다:다 모델에서 사용했던 모델은 2:2였습니다. 이번에는 2:3이므로 2:2의 모델을 수정해서 사용하도록 하겠습니다. input 모델은 그대로 2개입니다. 2개의 모델을 concatenate로 merge하는 것까지 동일합니다.

```python
#2. 모델 구성
from keras.models import Sequential, Model
from keras.layers import Dense, Input
# model = Sequential()

input1 = Input(shape=(2,))
dense1 = Dense(100, activation='relu')(input1)
dense1 = Dense(30)(dense1)
dense1 = Dense(7)(dense1)

input2 = Input(shape=(2,))
dense2 = Dense(50, activation='relu')(input2)
dense2 = Dense(30)(dense2)
dense2 = Dense(7)(dense2)

from keras.layers.merge import concatenate
merge1 = concatenate([dense1, dense2])

middle1 = Dense(10)(merge1)
middle2 = Dense(5)(middle1)
middle3 = Dense(30)(middle2)
```

이전 다:다 모델에서는 여기서 2개의 모델로 분기하였으나, 이번에는 3개의 모델로 분기합니다. 3개의 아웃풋 모델을 만듭니다.

```
output1 = Dense(30)(middle3)
output1 = Dense(7)(output1)
output1 = Dense(2)(output1)

output2 = Dense(20)(middle3)
output2 = Dense(70)(output2)
output2 = Dense(2)(output2)

output3 = Dense(25)(middle3)
output3 = Dense(5)(output3)
output3 = Dense(2)(output3)
```

이제 이 모델들을 Model을 사용하여 정의하겠습니다.

```
model = Model(inputs = [input1, input2],
              outputs = [output1, output2, output3]
)
```

여기서 유의해서 봐야할 부분은 outputs에 아웃풋 레이어가 총 3개를 명시했다는 것입니다. 이로서 2:3 모델이 구현되었습니다. 훈련시키겠습니다. 훈련할 때도 마찬가지로 y3_train까지 3개가 아웃풋에 들어간다는 것과 validation할 때 역시 y3_val까지 3개가 리스트 형태로 들어간다는 것을 유의합니다.

```
#3. 훈련
model.compile(loss='mse', optimizer='adam', metrics=['mse'])

model.fit([x1_train, x2_train], [y1_train, y2_train, y3_train],
          epochs=50, batch_size=1,
          validation_data=([x1_val, x2_val], [y1_val, y2_val, y3_val]))
```

마지막으로 평가 예측입니다. 이 역시 y3_test가 평가에 추가되는 것과 x1_test와 x2_test 2개의 데이터로 예측하였는데, y1_predict, y2_predict, y3_predict 총 3개의 아웃풋이 예측값으로 나온다는 것을 확인하기 바랍니다.

```
#4. 평가 예측
mse = model.evaluate([x1_test, x2_test],
                     [y1_test, y2_test, y3_test], batch_size=1)
print("mse : ", mse)

y1_predict, y2_predict, y3_predict = model.predict([x1_test, x2_test])
print("y1 예측값 : \n", y1_predict,
      "\n y2 예측값 : \n", y2_predict, "\n y3 예측값 : \n", y3_predict)
```

실행 결과입니다.

```
y1 예측값 :
 [[ 92.531845 191.207    ]
 [ 93.56596  192.22247 ]
 [ 94.60215  193.24106 ]
 [ 95.63837  194.2595  ]
 [ 96.67461  195.27808 ]
 [ 97.71075  196.29652 ]
 [ 98.74696  197.31503 ]
 [ 99.78306  198.33344 ]
 [100.81935  199.35193 ]
 [101.85535  200.37048 ]]
 y2 예측값 :
 [[592.7525  694.4001 ]
 [593.79376 695.4918 ]
 [594.8362  696.5812 ]
 [595.8784  697.67035]
 [596.921   698.7597 ]
 [597.9633  699.8489 ]
 [599.00574 700.9382 ]
 [600.04785 702.0274 ]
 [601.09033 703.11664]
 [602.1327  704.206  ]]
 y3 예측값 :
 [[793.93414 894.4516 ]
 [795.01965 895.59015]
 [796.1029  896.7224 ]
```

```
 [797.1863  897.85443]
 [798.26953 898.98663]
 [799.35284 900.1187 ]
 [800.43604 901.25104]
 [801.5192  902.3831 ]
 [802.60284 903.51526]
 [803.68604 904.6475 ]]
```

y1값이 91에서 100, 191에서 200인데 예측값은 92.53~101.85, 191.20~200.37
로 상당히 근사치에 가깝습니다. y2값은 591에서 600, 691에서 700인데 예측값은
592.75~602.13, 694.40~704.20으로 역시 상당히 근사치에 가깝습니다. y3값 역시
790~800, 890~900인데 예측값은 793.93~803.68, 894.45~904.64로 분포 범위는 많
이 근사합니다.

이런 모델을 많이 만들지는 않겠지만, 이 역시도 사용할 수 있는 가능성이 있는 모델
이고, 지금까지는 정확도를 높이는 것보다는 모델을 구성하는 여러 방법을 배우는 것
이므로 이런 모델도 있다는 것을 이해하고 숙지하기 바랍니다. 전체 소스입니다.

```python
#1. 데이터
import numpy as np

x1 = np.array([range(1, 101), range(101, 201)])
y1 = np.array([range(1, 101), range(101, 201)])
x2 = np.array([range(501, 601), range(601, 701)])
y2 = np.array([range(501, 601), range(601, 701)])
y3 = np.array([range(701, 801), range(801, 901)])

print(x1.shape)
print(x2.shape)
print(y1.shape)
print(y2.shape)
print(y3.shape)

x1 = np.transpose(x1)
y1 = np.transpose(y1)
```

```
x2 = np.transpose(x2)
y2 = np.transpose(y2)
y3 = np.transpose(y3)

print(x1.shape)
print(x2.shape)
print(y1.shape)
print(y2.shape)
print(y3.shape)

from sklearn.model_selection import train_test_split
x1_train, x1_test, y1_train, y1_test = train_test_split(
    x1, y1, random_state=66, test_size=0.2, shuffle = False
)
x1_val, x1_test, y1_val, y1_test = train_test_split(
    x1_test, y1_test, random_state=66, test_size=0.5, shuffle = False
)

x2_train, x2_test, y2_train, y2_test = train_test_split(
    x2, y2, random_state=66, test_size=0.2, shuffle = False
)
x2_val, x2_test, y2_val, y2_test = train_test_split(
    x2_test, y2_test, random_state=66, test_size=0.5, shuffle = False
)

# y3 데이터의 분리
y3_train, y3_test = train_test_split(
    y3 , random_state=66, test_size=0.2, shuffle=False
)
y3_val, y3_test = train_test_split(
    y3_test , random_state=66, test_size=0.5, shuffle=False
)

print('y3_train.shape : ', y3_train.shape)
print('y3_val.shape : ', y3_val.shape)
print('y3_test.shape : ', y3_test.shape)

#2. 모델 구성
from keras.models import Sequential, Model
```

```python
from keras.layers import Dense, Input
# model = Sequential()

input1 = Input(shape=(2,))
dense1 = Dense(100, activation='relu')(input1)
dense1 = Dense(30)(dense1)
dense1 = Dense(7)(dense1)

input2 = Input(shape=(2,))
dense2 = Dense(50, activation='relu')(input2)
dense2 = Dense(30)(dense2)
dense2 = Dense(7)(dense2)

from keras.layers.merge import concatenate
merge1 = concatenate([dense1, dense2])

middle1 = Dense(10)(merge1)
middle2 = Dense(5)(middle1)
middle3 = Dense(30)(middle2)

output1 = Dense(30)(middle3)
output1 = Dense(7)(output1)
output1 = Dense(2)(output1)

output2 = Dense(20)(middle3)
output2 = Dense(70)(output2)
output2 = Dense(2)(output2)

output3 = Dense(25)(middle3)
output3 = Dense(5)(output3)
output3 = Dense(2)(output3)

model = Model(inputs = [input1, input2],
              outputs = [output1, output2, output3]
)
model.summary()

#3. 훈련
model.compile(loss='mse', optimizer='adam', metrics=['mse'])
```

144

```
model.fit([x1_train, x2_train], [y1_train, y2_train, y3_train],
          epochs=50, batch_size=1,
          validation_data=([x1_val, x2_val], [y1_val, y2_val, y3_val]))

#4. 평가 예측
mse = model.evaluate([x1_test, x2_test],
                     [y1_test, y2_test, y3_test], batch_size=1)
print("mse : ", mse)

y1_predict, y2_predict, y3_predict = model.predict([x1_test, x2_test])
print("y1 예측값 : \n", y1_predict,
      "\n y2 예측값 : \n", y2_predict, "\n y3 예측값 : \n", y3_predict)
```

3) 앙상블 다:1 모델

이번에는 2개의 모델이 입력되어 1개의 모델로 출력되는 앙상블 다:1 모델을 구현하
겠습니다. 앙상블 모델 중에서도 가장 많이 나올 수 있는 모델입니다. 데이터를 준비
합니다.

```
#1. 데이터
import numpy as np

x1 = np.array([range(1, 101), range(101, 201)])
x2 = np.array([range(501, 601), range(601, 701)])
y = np.array([range(1, 101), range(101, 201)])

print(x1.shape)
print(x2.shape)
print(y.shape)

x1 = np.transpose(x1)
x2 = np.transpose(x2)
y = np.transpose(y)
```

```
print(x1.shape)
print(x2.shape)
print(y.shape)
```

x1이 1에서 100, 101에서 200, x2가 501에서 601, 601에서 701의 데이터가 준비되어 있고, y는 1에서 100, 101에서 200의 데이터입니다. 이를 훈련시켜서 사용할 수 있도록 shape를 맞추도록 합니다. 실행 결과입니다.

```
(2, 100)
(2, 100)
(2, 100)
(100, 2)
(100, 2)
(100, 2)
```

(100, 2)로 shape가 잘 조절되었습니다. train_test_split로 x1, x2, y를 각각 8:1:1로 분리하도록 하겠습니다. y는 1개뿐이므로 x1과 같이 train_test_split으로 분리해주고, x2만 따로 분리하도록 하겠습니다.

```
from sklearn.model_selection import train_test_split
x1_train, x1_test, y_train, y_test = train_test_split(
    x1, y, random_state=66, test_size=0.2, shuffle = False
)
x1_val, x1_test, y_val, y_test = train_test_split(
    x1_test, y_test, random_state=66, test_size=0.5, shuffle = False
)

x2_train, x2_test = train_test_split(
    x2, random_state=66, test_size=0.2, shuffle = False
)
x2_val, x2_test = train_test_split(
    x2_test, random_state=66, test_size=0.5, shuffle = False
)
```

잘 분리가 되었는지 x2값으로 확인하도록 하겠습니다.

```
print('x2_train.shape : ', x2_train.shape)
print('x2_val.shape : ', x2_val.shape)
print('x2_test.shape : ', x2_test.shape)
```

여기까지 실행 결과입니다.

```
x2_train.shape :  (80, 2)
x2_val.shape :  (10, 2)
x2_test.shape :  (10, 2)
```

8:1:1의 비율로 잘 분리가 되었습니다. 모델을 구성하겠습니다. 인풋 모델이 2개, 아웃풋 모델이 1개이므로 우선 인풋 모델 2개를 구성하겠습니다. concatenate 전까지는 이전 다:다 모델과 동일하게 구성하면 됩니다.

```
#2. 모델 구성
from keras.models import Sequential, Model
from keras.layers import Dense, Input
# model = Sequential()

input1 = Input(shape=(2,))
dense1 = Dense(100, activation='relu')(input1)
dense1 = Dense(30)(dense1)
dense1 = Dense(7)(dense1)

input2 = Input(shape=(2,))
dense2 = Dense(50, activation='relu')(input2)
dense2 = Dense(30)(dense2)
dense2 = Dense(7)(dense2)

from keras.layers.merge import concatenate
merge1 = concatenate([dense1, dense2])
```

2개의 모델을 concatenate로 단순 merge를 하였습니다. 이제 출력이 1개의 모델이므로 여기서는 분기할 필요 없이 바로 모델을 이어주면 됩니다. 아웃풋 모델을 만들겠습니다.

```python
output1 = Dense(30)(merge1)
output1 = Dense(7)(output1)
output1 = Dense(2)(output1)
```

바로 merge1과 output1을 연결하면 됩니다. 물론 그 사이에 히든 레이어를 더 추가해도 상관없습니다. 이제 Model을 이용하여 모델을 완성합니다.

```python
model = Model(inputs = [input1, input2],
              outputs = output1
)
```

inputs는 input1과 input2가 리스트 형태로 들어가지만, outputs는 output1 하나여서 리스트 형태가 아닌 레이어 이름으로 들어갑니다. 훈련을 시키겠습니다.

```python
#3. 훈련
model.compile(loss='mse', optimizer='adam', metrics=['mse'])

model.fit([x1_train, x2_train], y_train,
          epochs=50, batch_size=1,
          validation_data=([x1_val, x2_val], y_val))
```

x1_train과 x2_train은 리스트 형태로, y_train은 변수명만으로 fit하는 것을 유의합니다. validation 역시 동일합니다. 평가 예측을 해보겠습니다.

```python
#4. 평가 예측
mse = model.evaluate([x1_test, x2_test], y_test, batch_size=1)
print("mse : ", mse)
```

```
y_predict = model.predict([x1_test, x2_test])
print("y1 예측값 : \n", y_predict)
```

평가와 예측을 둘 다 x1_test와 x2_test로 하였습니다. 입력이 리스트인 점을 주의합니다. 실행 결과입니다.

```
y1 예측값 :
 [[ 89.9163    190.28156 ]
 [ 90.82961  191.21715 ]
 [ 91.73871  192.1499  ]
 [ 92.64802  193.08226 ]
 [ 93.557785 194.01385 ]
 [ 94.46759  194.94542 ]
 [ 95.37736  195.877   ]
 [ 96.287125 196.80861 ]
 [ 97.19695  197.7402  ]
 [ 98.10673  198.67178 ]]
```

원래 y1_test의 값은 91~100, 191~200인데 우리가 예측한 y_predict 값은 89.91
~98.10, 190.28~198.67로 오차가 일부 있습니다. 그래도 대략 범위 부분에 모여 있습니다. 앙상블에서 가장 많이 나올 수 있는 모델의 형태입니다. 이 소스는 완벽하게 이해해야 합니다. 전체 소스입니다.

```
#1. 데이터
import numpy as np

x1 = np.array([range(1, 101), range(101, 201)])
x2 = np.array([range(501, 601), range(601, 701)])
y = np.array([range(1, 101), range(101, 201)])

print(x1.shape)
print(x2.shape)
print(y.shape)
```

```python
x1 = np.transpose(x1)
x2 = np.transpose(x2)
y = np.transpose(y)

print(x1.shape)
print(x2.shape)
print(y.shape)

from sklearn.model_selection import train_test_split
x1_train, x1_test, y_train, y_test = train_test_split(
    x1, y, random_state=66, test_size=0.2, shuffle = False
)
x1_val, x1_test, y_val, y_test = train_test_split(
    x1_test, y_test, random_state=66, test_size=0.5, shuffle = False
)

x2_train, x2_test = train_test_split(
    x2, random_state=66, test_size=0.2, shuffle = False
)
x2_val, x2_test = train_test_split(
    x2_test, random_state=66, test_size=0.5, shuffle = False
)

print('x2_train.shape : ', x2_train.shape)
print('x2_val.shape : ', x2_val.shape)
print('x2_test.shape : ', x2_test.shape)

#2. 모델 구성
from keras.models import Sequential, Model
from keras.layers import Dense, Input
# model = Sequential()

input1 = Input(shape=(2,))
dense1 = Dense(100, activation='relu')(input1)
dense1 = Dense(30)(dense1)
dense1 = Dense(7)(dense1)

input2 = Input(shape=(2,))
dense2 = Dense(50, activation='relu')(input2)
```

```
dense2 = Dense(30)(dense2)
dense2 = Dense(7)(dense2)

from keras.layers.merge import concatenate
merge1 = concatenate([dense1, dense2])

output1 = Dense(30)(merge1)
output1 = Dense(7)(output1)
output1 = Dense(2)(output1)

model = Model(inputs = [input1, input2],
              outputs = output1
)
model.summary()

#3. 훈련
model.compile(loss='mse', optimizer='adam', metrics=['mse'])

model.fit([x1_train, x2_train], y_train,
          epochs=50, batch_size=1,
          validation_data=([x1_val, x2_val], y_val))

#4. 평가 예측
mse = model.evaluate([x1_test, x2_test], y_test, batch_size=1)
print("mse : ", mse)

y_predict = model.predict([x1_test, x2_test])
print("y1 예측값 : \n", y_predict)
```

4) 1:다 모델

이번에 소개할 모델은 엄밀히 말하면 앙상블 모델은 아닙니다. 1개의 모델이 입력되어 여러 개의 모델로 나뉘어지는 분기 모델입니다. 그래서 concatenate도 사용하지 않고 분기만 사용하면 됩니다. 먼저 데이터를 준비하겠습니다.

```
#1. 데이터
import numpy as np

x = np.array([range(1, 101), range(101, 201)])
y1 = np.array([range(501, 601), range(601, 701)])
y2 = np.array([range(1, 101), range(101, 201)])

print(x.shape)
print(y1.shape)
print(y2.shape)

x = np.transpose(x)
y1 = np.transpose(y1)
y2 = np.transpose(y2)

print(x.shape)
print(y1.shape)
print(y2.shape)
```

입력되는 x는 1개, 출력되는 y는 y1, y2로 2개를 준비합니다. 실행하여 shape를 확인합니다.

```
(2, 100)
(2, 100)
(2, 100)
(100, 2)
(100, 2)
(100, 2)
```

데이터가 잘 준비되었습니다. train_test_split로 각 데이터셋을 분리하겠습니다.

```
from sklearn.model_selection import train_test_split
x_train, x_test, y1_train, y1_test = train_test_split(
    x, y1, random_state=66, test_size=0.2, shuffle = False
```

```
)
x_val, x_test, y1_val, y1_test = train_test_split(
    x_test, y1_test, random_state=66, test_size=0.5, shuffle = False
)

y2_train, y2_test = train_test_split(
    y2, random_state=66, test_size=0.2, shuffle = False
)
y2_val, y2_test = train_test_split(
    y2_test, random_state=66, test_size=0.5, shuffle = False
)

print('y2_train.shape : ', y2_train.shape)
print('y2_val.shape : ', y2_val.shape)
print('y2_test.shape : ', y2_test.shape)
```

x와 y1을 train_test_split로 같이 분리하고, y2는 따로 train_test_split해줍니다. 실행 결과입니다.

```
y2_train.shape :  (80, 2)
y2_val.shape :  (10, 2)
y2_test.shape :  (10, 2)
```

정상적으로 잘 분리되었습니다. 모델을 구성하겠습니다.

```
#2. 모델 구성
from keras.models import Sequential, Model
from keras.layers import Dense, Input
# model = Sequential()

input1 = Input(shape=(2,))
dense1 = Dense(100, activation='relu')(input1)
dense1 = Dense(30)(dense1)
dense1 = Dense(7)(dense1)
```

```
output1 = Dense(30)(dense1)
output1 = Dense(7)(output1)
output1 = Dense(2)(output1)

output2 = Dense(30)(dense1)
output2 = Dense(7)(output1)
output2 = Dense(2)(output1)

model = Model(inputs = input1,
              outputs = [output1, output2]
)
model.summary()
```

1:다 모델의 경우 단순 분기 모델이므로 분기 지점만 잡아주면 됩니다. concatenate 는 할 필요가 없습니다. 우리 예제는 input이 1개, output을 2개로 합니다. dense1 레이어에서 바로 output1, output2 레이어로 분기해주고 Model에 inputs는 1개, outputs는 2개의 변수를 리스트로 입력해줍니다. 훈련과 평가 예측을 해보겠습니다.

```
#3. 훈련
model.compile(loss='mse', optimizer='adam', metrics=['mse'])

model.fit(x_train, [y1_train, y2_train],
          epochs=50, batch_size=1,
          validation_data=(x_val, [y1_val, y2_val]))

#4. 평가 예측
mse = model.evaluate(x_test, [y1_test, y2_test], batch_size=1)
print("mse : ", mse)

y1_predict, y2_predict = model.predict(x_test)
print("y1 예측값 : \n", y1_predict, "\n y2 예측값 : \n", y2_predict)
```

훈련 시 x_train으로 입력을 하고 출력이 [y1_train, y2_train]인 점에 유의하면서 훈련 을 시킵니다. validation역시 입력이 x_val 1개이고, 출력은 [y1_val, y2_val]입니다.

평가 예측 시 x_test를 입력하여 y1_predict와 y2_predict를 출력받습니다. 실행 결과입니다.

```
y1 예측값 :
 [[132.05983 232.542  ]
 [132.4754  233.34341]
 [132.891   234.14488]
 [133.30992 234.95163]
 [133.74217 235.78047]
 [134.17433 236.61313]
 [134.60646 237.44576]
 [135.03862 238.2784 ]
 [135.4707  239.11098]
 [135.9029  239.94363]]
y2 예측값 :
 [[579.0546  697.129  ]
 [580.9836  699.4297 ]
 [582.9127  701.7305 ]
 [584.85547 704.04785]
 [586.8542  706.4332 ]
 [588.859   708.8245 ]
 [590.8637  711.21564]
 [592.86847 713.6069 ]
 [594.873   715.99786]
 [596.8778  718.3892 ]]
```

원래 y1과 y2의 test값은 각각 [91~100, 191~200], [591~600, 691~700]입니다. 하지만 보다시피 예측값은 그리 썩 좋지 않습니다. 이건 데이터가 적고, 학습을 적게 시키느라 파라미터 튜닝이 잘 안된 이유도 있지만, 사실 이 모델은 잘 사용하지 않습니다. 이런 모델도 가능하다는 것을 보여주기 위해서 예제로 만들어 보았습니다.

이번 장까지 대략적으로 Sequential 모델과 함수형 모델 그리고 앙상블 모델에 대해서 각각 4가지 모델에 대해 반복해서 정리해보았습니다. 잘 숙지한다면, 모델을 만드는 데 두려워할 필요가 없습니다. 앞으로 데이터가 더 많이 주어지더라도 모델을 만드는 부분에서 막히면 안 됩니다. 사실 실무에서도 모델링이 차지하는 비율은 10% 정도밖에 되지 않습니다. 데이터 전처리가 더욱 중요하다는 의미입니다. 얼마만큼 잘 정제된 데이터를 보유하느냐가 그 모델의 훈련 능력을 향상시키는 데 있어 가장 중요한 요소 중 하나가 됩니다. 어쩌면 가장 중요하다고 할 수도 있습니다. 다음 장부터는 시계열 문제인 'RNN'에 대해 알아보도록 하겠습니다.

RNN

1. RNN이란?

RNN(순환신경망, Recurrent Neural Network)은 주로 시계열 분석, 자연어 처리 등 순서가 있는 데이터에 사용하면 좋은 결과가 있는 모델입니다. 실제로 주식, 파생상품, 기상, 전력량 등을 계산할 때 매우 유효하고 캐글이나 해커톤 등의 대회에서 시계열 문제를 다룰 때 많이 사용됩니다.

구글 등에서 검색하면 RNN에 대해 수많은 이해하기 힘든 이미지들이 나옵니다. 이해하기 쉽지 않습니다. 다음은 필자가 직접 그려본 RNN 이미지입니다. 완벽하지는 않지만, 원리를 파악하는 데 참고하세요. 다시 한 번 이야기하지만, 이 책은 원리를 익히기 위한 책이 아닙니다. 실무에서 쓸 수 있는 모델을 빨리 구성할 수 있도록 독자 여러분들을 돕는 것이 목적입니다.

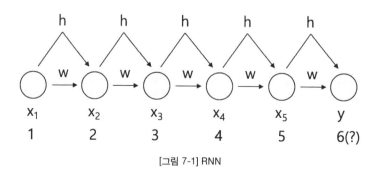

[그림 7-1] RNN

[그림 7-1]을 보면 x는 1부터 5까지로 구성되어 있고, y는 아직 모릅니다. 물론 우리의 경험상 6이 나올 거라는 예상이 가능하지만, 머신은 아직 모릅니다. 우선 x1에 1이 입력되고 훈련이 시작됩니다. 첫 번째 노드에서 h(hypersis)와 w(가중치)를 구합니다. 이를 다음 노드에 전달해주고 x2로 2가 입력됩니다. 이때, 이전 노드에서 받은 w와 h 그리고 이번에 받아들인 2를 같이 연산하여 다시 w와 h를 구합니다. 이렇게 계속 진행하여 마지막 x5에 5를 입력하고, 그전에 받은 w와 h를 같이 연산하면 마지막에 y를 구합니다. 연산이 잘 된다면 6이 나올 것입니다. 여기까지가 RNN의 1회 연산입니다.

2. SimpleRNN

가장 기본적인 RNN입니다. 코딩을 하면서 이해해보도록 하겠습니다. 데이터를 구성합니다.

```
#1. 데이터
import numpy as np
x_train = np.array([[1,2,3,4,5], [2,3,4,5,6], [3,4,5,6,7]])
y_train = np.array([6,7,8])

print("x_train.shape : ", x_train.shape)
print("y_train.shape : ", y_train.shape)
```

실행 결과입니다.

```
x_train.shape :  (3, 5)
y_train.shape :  (3,)
```

x_train은 1에서 5, 2에서 6, 3에서 7로 총 3개의 리스트입니다. shape는 (3, 5)입니다. y_train은 x_train에 대응하는 3개짜리 벡터로 구성되어 있습니다. shape는 (3,)입니다. 여기서 x_train의 컬럼과 y_train의 벡터의 크기를 맞추기 위해 x_train을

reshape하겠습니다.

```
#1. 데이터
import numpy as np
x_train = np.array([[1,2,3,4,5], [2,3,4,5,6], [3,4,5,6,7]])
y_train = np.array([6,7,8])

x_train = x_train.reshape(x_train.shape[0], x_train.shape[1], 1)

print("x_train.shape : ", x_train.shape)      #(3, 5, 1)
print("y_train.shape : ", y_train.shape)      #(3, )
```

다음과 같이 x_train에 reshape를 연결한 소스를 삽입해서 수정해줍니다. 실행합니다.

```
x_train.shape :  (3, 5, 1)
y_train.shape :  (3,)
```

여기서 주의해야 할 것이 x의 데이터의 구조입니다. (3행, 5열, 1feature)

```
[[[1], [2], [3], [4], [5]],
 [[2], [3], [4], [5], [6]],
 [[3], [4], [5], [6], [7]]]
```

y의 벡터는 행의 개수와 대응을 합니다. 그래서 x의 행의 수 = y의 벡터 크기와 같습니다. 그래서 1, 2, 3, 4, 5를 연산해서 6이 나오고, 2, 3, 4, 5, 6을 해서 7이 나오는 식의 매치가 됩니다. 자, 이제 x_train의 행의 수와 y_train의 벡터의 크기가 일치되었습니다. 1부터 5까지의 인풋으로 6이 나오고, 2부터 6까지의 인풋으로 7이 아웃풋, 마지막으로 3부터 7까지 인풋으로 8이 나오는 모델을 훈련시킨다고 생각하면 됩니다.

이제 모델을 구성하겠습니다. RNN 모델을 구현한다고 해서 어렵게 생각하지 않아도 됩니다. 뭔가 만들어야 한다고 생각하거나 필요로 하는 것은 이미 모두 구현되어 있습니다. 텐서플로 2.0(케라스)에서는 이미 RNN에 대한 모델이 모두 구현되어 있습니다. 앞의 그림처럼 연속된 데이터가 연산된다는 것과 아래 코드를 치면서 이런 식으로 코딩하여 사용한다는 것을 빠르게 익혀서 필요로 하는 모델을 개발하면 됩니다. 모델을 구성합니다.

```
#2. 모델 구성
from keras.models import Sequential
from keras.layers import Dense, SimpleRNN
model = Sequential()

model.add(SimpleRNN(7, input_shape = (5, 1), activation ='relu'))
model.add(Dense(4))
model.add(Dense(1))

model.summary()
```

안 보던 것들이 몇 개 보입니다. SimpleRNN이 추가로 import되었습니다. 바로 우리가 필요로 하는 RNN 모델입니다. 케라스에서는 이미 이렇게 구현이 되어 있습니다. 사용법도 간단합니다. 처음에 아웃풋 노드의 개수(이 소스에서는 7) 그리고 input_shape를 명시해준 다음, 모델에 add해주면 됩니다.

그런데 이전과 다른 점이 하나 있습니다. input_shape가 2차원입니다. 이전 Dense 모델을 할 때까지만 해도 input_shape는 1차원이었고 컬럼의 개수만 맞춰주면 되었는데, RNN에서는 뜬금없이 2차원입니다. 어떻게 맞추면 될까요?

인공지능 케라스 텐서플로 모델 구성에서 가장 중요한 것은 shape입니다. 입력의 모양만 알고 shape만 정확히 명시하면 지구상 어떤 데이터로 어떤 모델이든지 만들 수 있습니다. 학생들이 가장 많이 실수하는 부분이 shape입니다. 이것만 명확히 이해하면 쉽습니다.

```
input_shape=(5, 1)
```

여기서 5는 눈치가 빠른 분이라면 알 수 있지만, x의 열(컬럼)의 수입니다. 물론 y의 백터 자리 수와도 동일합니다. 그렇다면 1은 무엇일까요? [그림 7-1]을 다시 한 번 보겠습니다. 1부터 5까지의 연산을 할 때 몇 개씩 데이터를 연산을 했을까요?

x1과 w와 h를 연산해서 x2에 전달

x2와 w와 h를 연산해서 x3에 전달…

…

x5와 w와 h를 연산해서 y에 전달

1개씩 잘라서 연산을 했습니다. 1개씩 묶어서 작업을 했다고도 할 수 있습니다. 필자는 편의상 이 부분을 '몇 개씩 잘랐는지'라고 표현하겠습니다. 이 책에서 설명할 때는 이해를 돕기 위해 RNN의 input_shape를 행과 열로 몇 개씩 자르는지로 shape에 대해 설명하지만, 정식 용어로 하면 samples, time steps, feature라고 합니다. 이 용어 역시 기억해야 합니다. 이 책에서는 통상적으로 두 용어를 혼용해서 사용할 것입니다.

ex) (행, 열, 피처), (행, 열, feature), (샘플수, 타임스탭, 피처)… 등…

이제 (5, 1)의 뜻까지 파악했습니다. 하지만 현재 x의 shape는 (5, 3)입니다. 우리는 앞에서 회귀 모델을 설명하면서 input_shape를 구성할 때 중요한 점을 하나 배웠습니다. 바로 '행 무시'라는 부분입니다. 입력에서 중요한 것은 열(컬럼)입니다. 그래서 실제로 (5, 1)의 의미는 (None, 5, 1)입니다. 여기서 None은 행을, 5는 컬럼을 의미합니다. 1은 앞에서 말했듯이 '몇 개씩 잘랐는지'입니다. 그렇다면 원 소스에서 x 데이터의 현재 shape를 모델에 맞게 reshape해주어야 합니다.

```
(3, 5) -> (3, 5, 1)
```

이렇게 변경하면 모델의 input_shape에서 인식을 할 때 행은 무시하고 (None, 3, 1)의 형식으로 인식하게 되고, 모델이 정확하게 돌아가게 됩니다. 그래서 소스에 다음과 같이 x_train을 reshape하는 다음 한 줄을 추가했던 것입니다.

```
x_train = x_train.reshape((x_train.shape[0], x_train.shape[1], 1))
```

x_train.shape[0]은 기존 x_train의 행(=3)이고, x_train.shape[1]은 기존 x_train의 열(=5)입니다. 이로써 x_train의 shape가 (3, 5, 1)이 되었습니다. 여기까지가 전체 소스입니다.

```
#1. 데이터
import numpy as np
x_train = np.array([[1,2,3,4,5], [2,3,4,5,6], [3,4,5,6,7]])
y_train = np.array([6,7,8])

x_train = x_train.reshape(x_train.shape[0], x_train.shape[1], 1)

print("x_train.shape : ", x_train.shape)    #(3, 5, 1)
print("y_train.shape : ", y_train.shape)    #(3, )

#2. 모델 구성
from keras.models import Sequential
from keras.layers import Dense, SimpleRNN, LSTM
model = Sequential()

model.add(SimpleRNN(7, input_shape = (5, 1), activation ='relu'))
model.add(Dense(4))
model.add(Dense(1))

model.summary()
```

이제 소스를 실행해봅니다. summary()를 확인합니다.

```
-------------------------------------------------------------
Layer (type)                 Output Shape              Param #
=============================================================
simple_rnn_1 (SimpleRNN)     (None, 7)                 63
-------------------------------------------------------------
dense_1 (Dense)              (None, 4)                 32
-------------------------------------------------------------
dense_2 (Dense)              (None, 1)                 5
=============================================================
Total params: 100
Trainable params: 100
Non-trainable params: 0
-------------------------------------------------------------
```

input_shape가 (5, 1)이므로 첫 번째 인풋은 (None, 5, 1)입니다. 이후 각 레이어당 아웃풋은 (None, 7), (None, 4), (None, 1)입니다. 각 노드의 아웃풋입니다. 그런데 첫 번째 SimpleRNN 레이어의 Param이 63입니다. 우리가 Dense로 했을 경우에는 통상 20 정도((인풋노드수 + 바이어스) * 아웃풋노드수 = (5+1) * 7 = 42)인데, 63이나 됩니다. 인풋과 아웃풋이 더 커질수록 RNN의 Param 수는 훨씬 더 증가합니다. 그만큼 단순 DNN보다 더 많은 연산이 된다고 이해하면 됩니다. 훈련을 시켜보겠습니다. 기존 DNN 모델을 할 때와 동일합니다.

```
#3. 훈련
model.compile(loss='mse', optimizer='adam', metrics=['mse'])
model.fit(x_train, y_train, epochs=100, batch_size=1)
```

우리는 test 값을 만들지 않았으므로 평가는 생략하고 새로운 값으로 예측을 해보겠습니다. 예측용 x_predict를 준비합니다.

```
#4. 예측
x_predict = np.array([[4,5,6,7,8]])
print(x_predict.shape)                        #(1, 5)
x_predict = x_predict.reshape(x_predict.shape[0], x_predict.shape[1], 1)
print("x_predict.shape : ", x_predict.shape)    # (1, 5, 1)
```

4, 5, 6, 7, 8을 예측용 데이터로 이 훈련된 RNN 모델에 넣었을 경우에 어떤 값이 나오는지 확인합니다. input_shape에 맞도록 (1, 5)로 되어 있는 데이터를 reshape해서 (1, 5, 1)로 맞춰줍니다. 이 데이터의 행은 한 가지이므로 1, 열은 동일하게 5, feature는 1이 됩니다. 예측용 데이터의 shape는 (1, 5, 1)이 됩니다. 예측해보겠습니다.

```
y_predict = model.predict(x_predict)
print("예측값 : ", y_predict)
```

실행합니다.

예측값 : [[8.636625]]

전체 소스입니다.

```
#1. 데이터
import numpy as np
x_train = np.array([[1,2,3,4,5], [2,3,4,5,6], [3,4,5,6,7]])
y_train = np.array([6,7,8])

x_train = x_train.reshape(x_train.shape[0], x_train.shape[1], 1)

print("x_train.shape : ", x_train.shape)     #(3, 5, 1)
print("y_train.shape : ", y_train.shape)     #(3, )

#2. 모델 구성
from keras.models import Sequential
from keras.layers import Dense, SimpleRNN
model = Sequential()

model.add(SimpleRNN(7, input_shape = (5, 1), activation ='relu'))
model.add(Dense(4))
model.add(Dense(1))

model.summary()
```

```
#3. 훈련
model.compile(loss='mse', optimizer='adam', metrics=['mse'])
model.fit(x_train, y_train, epochs=100, batch_size=1)

#4. 평가, 예측
x_predict = np.array([[4,5,6,7,8]])
print(x_predict.shape)                        #(1, 5)
x_predict = x_predict.reshape(x_predict.shape[0], x_predict.shape[1], 1)
print("x_predict.shape : ", x_predict.shape)     # (1, 5, 1)

y_predict = model.predict(x_predict)
print("예측값 : ", y_predict)
```

3. LSTM

RNN에서 가장 많이 쓰는 모델입니다. 가장 많이 쓰다 보니, 요즘에는 RNN이라고 하면 그냥 LSTM으로 통용되는 경우도 종종 있습니다. 원리는 거의 동일하지만 SimpleRNN보다 파라미터의 수가 월등히 많아지고 성능이 좋습니다. SimpleRNN에서 사용한 데이터와 모델을 가져오겠습니다.

```
# SimpleRNN 모델
#1. 데이터
import numpy as np
x_train = np.array([[1,2,3,4,5], [2,3,4,5,6], [3,4,5,6,7]])
y_train = np.array([6,7,8])

x_train = x_train.reshape(x_train.shape[0], x_train.shape[1], 1)

print("x_train.shape : ", x_train.shape)     #(3, 5, 1)
print("y_train.shape : ", y_train.shape)      #(3, )

#2. 모델 구성
from keras.models import Sequential
```

```
from keras.layers import Dense, LSTM
model = Sequential()

model.add(LSTM(7, input_shape = (5, 1), activation ='relu'))
model.add(Dense(4))
model.add(Dense(1))


model.summary()
```

SimpleRNN 때와 동일한 데이터와 모델을 구성하고 단지 SimpleRNN 대신 LSTM을 import했고, 첫 번째 히든 레이어에 SimpleRNN 대신 LSTM을 사용했습니다. 이 소스를 보면 SimpleRNN이나 LSTM이나 사용법이 똑같다는 것을 알 수 있습니다. 각자 원하는 RNN 기법 중 SimpleRNN이든 LSTM이든 간에, 원하는 모델을 사용하면 되지만 개인적으로 SimpleRNN보다 성능이 향상된 LSTM을 사용하기를 추천합니다. 이제, 실행해서 summary()를 확인하겠습니다.

```
_____

Layer (type)                 Output Shape              Param #
===============================================================
lstm_1 (LSTM)                (None, 7)                 252
_____

dense_1 (Dense)              (None, 4)                 32
_____

dense_2 (Dense)              (None, 1)                 5
===============================================================
Total params: 289
Trainable params: 289
Non-trainable params: 0
_____
```

Summary의 결과를 보면, SimpleRNN의 경우 첫 번째 히든 레이어에서 63이었으나, LSTM에서는 252입니다. Total params의 경우에도 SimpleRNN의 경우 100이었으나, LSTM에서는 289의 결과를 보입니다. 같은 연속된 시계열 모델임에도 불구하고 LSTM이 RNN에 비해 약 4배 정도의 연산을 더 하는 셈입니다. 물론 연산을 더

한다고 무조건 좋은 것은 아닙니다. 앞에서 실행하면서 느꼈을지 모르겠지만, 그만큼 LSTM은 SimpleRNN에 비해서 느립니다. 그렇지만 성능은 LSTM이 약간 더 좋습니다.

만일 캐글이나 해커톤 등의 대회에 참가하는 경우, 시간이 부족한 때가 많습니다. 그럴 때 주모델을 LSTM으로만 돌리게 되면 시간이 부족한 경우가 발생합니다. 이럴 경우, SimpleRNN이나 단순 DNN 모델로 돌려서 우선적으로 accuracy를 구한 뒤, LSTM으로 모델을 훈련시키는 것도 한 가지 방법이 될 수 있습니다. 훈련과 평가 예측을 붙여 실행해보겠습니다. 소스는 동일합니다.

```
#3. 훈련
model.compile(loss='mse', optimizer='adam', metrics=['mse'])
model.fit(x_train, y_train, epochs=100, batch_size=1)

#4. 평가, 예측
x_predict = np.array([[4,5,6,7,8]])
print(x_predict.shape)                        #(1, 5)
x_predict = x_predict.reshape(x_predict.shape[0], x_predict.shape[1], 1)
print("x_predict.shape : ", x_predict.shape)    # (1, 5, 1)

y_predict = model.predict(x_predict)
print("예측값 : ", y_predict)
```

실행 결과입니다.

```
예측값 :   [[9.582784]]
```

전체 소스입니다.

```
#1. 데이터
import numpy as np
x_train = np.array([[1,2,3,4,5], [2,3,4,5,6], [3,4,5,6,7]])
y_train = np.array([6,7,8])
```

```
x_train = x_train.reshape(x_train.shape[0], x_train.shape[1], 1)

print("x_train.shape : ", x_train.shape)    #(3, 5, 1)
print("y_train.shape : ", y_train.shape)    #(3, )

#2. 모델 구성
from keras.models import Sequential
from keras.layers import Dense, LSTM
model = Sequential()

model.add(LSTM(7, input_shape = (5, 1), activation ='relu'))
model.add(Dense(4))
model.add(Dense(1))

model.summary()

#3. 훈련
model.compile(loss='mse', optimizer='adam', metrics=['mse'])
model.fit(x_train, y_train, epochs=100, batch_size=1)

#4. 평가, 예측
x_predict = np.array([[4,5,6,7,8]])
print(x_predict.shape)                      #(1, 5)
x_predict = x_predict.reshape(x_predict.shape[0], x_predict.shape[1], 1)
print("x_predict.shape : ", x_predict.shape)   # (1, 5, 1)

y_predict = model.predict(x_predict)
print("예측값 : ", y_predict)
```

4. GRU

뉴욕대학교의 조경현 교수가 만든 모델입니다. LSTM을 보완하였는데, 사실 GRU는 LSTM의 아웃풋 게이트를 두지 않고 LSTM을 간단하게 변경한 구조입니다. 약간 축소했다고 생각하면 됩니다. 그렇다면 속도는 LSTM보다 약간 빨라지고, 성능은 거의 비슷하거나 약간 낮은 걸로 알려져 있습니다. 독자 여러분들이 사용하기에는 그렇게 크게 와닿지 않을 수도 있지만, 이 책에 소개한 내용들과 상위의 기술들을 익혔을 때쯤 그 차이를 느낄 수도 있습니다. 현재는 통상 GRU보다는 LSTM을 조금 더 많이 쓰고 있습니다. SimpleRNN에서 사용한 데이터와 모델을 가져오겠습니다.

```
# SimpleRNN 모델
#1. 데이터
import numpy as np
x_train = np.array([[1,2,3,4,5], [2,3,4,5,6], [3,4,5,6,7]])
y_train = np.array([6,7,8])

x_train = x_train.reshape(x_train.shape[0], x_train.shape[1], 1)

print("x_train.shape : ", x_train.shape)     #(3, 5, 1)
print("y_train.shape : ", y_train.shape)     #(3, )

#2. 모델 구성
from keras.models import Sequential
from keras.layers import Dense, GRU
model = Sequential()

model.add(GRU(7, input_shape = (5, 1), activation ='relu'))
model.add(Dense(4))
model.add(Dense(1))

model.summary()
```

SimpleRNN 때와 동일한 데이터와 모델을 구성한 뒤 SimpleRNN 대신 GRU을 import했고, 첫 번째 히든 레이어에 SimpleRNN 대신 GRU를 사용했습니다. 이 소스를 보면 SimpleRNN이나 LSTM이나 사용법이 똑같다는 것을 알 수 있습니다. 각자 원하는 RNN 기법 중 SimpleRNN이든 LSTM이든 GRU든 간에, 원하는 모델을 사용하면 되지만 개인적으로 SimpleRNN보다 성능이 향상된 LSTM이나 GRU의 사용을 추천합니다. 이제 실행해서 summary()를 확인하겠습니다.

```
--------------------------------------------------------------
Layer (type)              Output Shape             Param #
==============================================================
gru_1 (GRU)               (None, 7)                189
--------------------------------------------------------------
dense_1 (Dense)           (None, 4)                32
--------------------------------------------------------------
dense_2 (Dense)           (None, 1)                5
==============================================================
Total params: 226
Trainable params: 226
Non-trainable params: 0
--------------------------------------------------------------
```

Parm의 개수가 SimpleRNN 때 63, LSTM일 때 252였는데, GRU에서는 189입니다. 대략 얼만큼 연산을 더하는지 짐작이 갈 겁니다. 그렇다고 LSTM에 비해서 성능이 많이 떨어지는 것도 아닙니다. 훈련 및 평가, 예측을 해보겠습니다.

```
#4. 평가, 예측
x_predict = np.array([[4,5,6,7,8]])
print(x_predict.shape)                      #(1, 5)
x_predict = x_predict.reshape(x_predict.shape[0], x_predict.shape[1], 1)
print("x_predict.shape : ", x_predict.shape)   # (1, 5, 1)

y_predict = model.predict(x_predict)
print("예측값 : ", y_predict)
```

앞의 두 예제와 마찬가지로 4, 5, 6, 7, 8로 predict하여 예측값을 구합니다. 실행 결과입니다.

```
예측값 :   [[8.96903]]
```

predict한 결과치가 8.96으로 꽤 잘 나왔습니다. 그러나 이 책을 보고 실습을 진행하는 독자 여러분들은 이렇게 잘 나오지 않을 수 있습니다. 훈련을 시킬 때마다 값이 많이 달라질 것입니다. 왜냐하면 우리는 현재 하이퍼파라미터 튜닝을 잘 하지 않았고, 훈련의 횟수도 100회로 적습니다. 이런 경우에 정밀한 결괏값을 기대하지는 마세요. 전체 소스입니다.

```python
#1. 데이터
import numpy as np
x_train = np.array([[1,2,3,4,5], [2,3,4,5,6], [3,4,5,6,7]])
y_train = np.array([6,7,8])

x_train = x_train.reshape(x_train.shape[0], x_train.shape[1], 1)

print("x_train.shape : ", x_train.shape)    #(3, 5, 1)
print("y_train.shape : ", y_train.shape)    #(3, )

#2. 모델 구성
from keras.models import Sequential
from keras.layers import Dense, GRU
model = Sequential()

model.add(GRU(7, input_shape = (5, 1), activation ='relu'))
model.add(Dense(4))
model.add(Dense(1))

model.summary()

#3. 훈련
model.compile(loss='mse', optimizer='adam', metrics=['mse'])
model.fit(x_train, y_train, epochs=100, batch_size=1)

#4. 평가, 예측
x_predict = np.array([[4,5,6,7,8]])
print(x_predict.shape)                          #(1, 5)
x_predict = x_predict.reshape(x_predict.shape[0], x_predict.shape[1], 1)
print("x_predict.shape : ", x_predict.shape)     # (1, 5, 1)

y_predict = model.predict(x_predict)
print("예측값 : ", y_predict)
```

5. Bidirectional

RNN에서 우리는 실행의 방향이 한 방향이었고 시간의 순서대로 쭉 진행하였습니다. 예를 들어 1, 2, 3, 4, 5라는 데이터에서 1부터 5까지 순차적으로 RNN하는 방식이었습니다. 하지만 이를 역으로 생각해 보면 5, 4, 3, 2, 1이라는 데이터 역시 순차적 데이터가 될 수 있습니다. 여기서 착안한 것이 Bidirectional입니다. 우선 RNN으로 진행한 후 역으로 다시 훈련을 시키는 방법입니다. 1개의 데이터셋으로 두 번 훈련시키는 효과를 누리는 셈입니다. LSTM에서 사용한 데이터와 모델을 가져오겠습니다.

```python
# SimpleRNN 모델
#1. 데이터
import numpy as np
x_train = np.array([[1,2,3,4,5], [2,3,4,5,6], [3,4,5,6,7]])
y_train = np.array([6,7,8])

x_train = x_train.reshape(x_train.shape[0], x_train.shape[1], 1)

print("x_train.shape : ", x_train.shape)     #(3, 5, 1)
print("y_train.shape : ", y_train.shape)     #(3, )

#2. 모델 구성
from keras.models import Sequential
from keras.layers import Dense, LSTM
model = Sequential()

model.add(LSTM(7, input_shape = (5, 1), activation ='relu'))
model.add(Dense(4))
model.add(Dense(1))

model.summary()
```

모델 부분을 수정해 줍니다. 우선 keras.layers에 Bidirectional을 import해줍니다.

```python
from keras.layers import Dense, LSTM, Bidirectional
```

그리고 LSTM 레이어를 다음과 같이 수정해줍니다.

```
model.add(LSTM(7, input_shape = (5, 1), activation ='relu'))
```

여기까지 소스입니다.

```
#1. 데이터
import numpy as np
x_train = np.array([[1,2,3,4,5], [2,3,4,5,6], [3,4,5,6,7]])
y_train = np.array([6,7,8])

x_train = x_train.reshape(x_train.shape[0], x_train.shape[1], 1)

print("x_train.shape : ", x_train.shape)    #(3, 5, 1)
print("y_train.shape : ", y_train.shape)    #(3, )

#2. 두 번
from keras.models import Sequential
from keras.layers import Dense, LSTM, Bidirectional
model = Sequential()

model.add(Bidirectional(LSTM(7, activation='relu'), input_shape = (5, 1)))
model.add(Dense(4))
model.add(Dense(1))

model.summary()
```

실행 결과입니다.

Layer (type)	Output Shape	Param #
bidirectional_1 (Bidirection	(None, 14)	504
dense_1 (Dense)	(None, 4)	60
dense_2 (Dense)	(None, 1)	5

```
================================================================
Total params: 569
Trainable params: 569
Non-trainable params: 0
----------------------------------------------------------------
```

첫 번째 히든 레이어의 파라미터 개수가 LSTM에서는 252개였던 것에 비하면 정확히 2배의 파라미터인 504개입니다. 이로써 Bidirectional을 사용하게 되면 lstm의 2배의 파라미터를 잡기 때문에 약 2배 정도 느려진다는 것을 알 수 있습니다. 훈련과 평가를 통해서 예측해보겠습니다.

```
#3. 훈련
model.compile(loss='mse', optimizer='adam', metrics=['mse'])
model.fit(x_train, y_train, epochs=100, batch_size=1)

#4. 평가, 예측
x_predict = np.array([[4,5,6,7,8]])
print(x_predict.shape)                            #(1, 5)
x_predict = x_predict.reshape(x_predict.shape[0], x_predict.shape[1], 1)
print("x_predict.shape : ", x_predict.shape)      # (1, 5, 1)

y_predict = model.predict(x_predict)
print("예측값 : ", y_predict)
```

실행 결과입니다.

```
예측값 :   [[8.76487]]
```

예측값이 많이 좋아지지는 않았습니다. 앞서 말했듯이 이 모델들은 아직 하이퍼파라미터 튜닝이 충분히 안되고, 훈련 수도 적어서 정확히는 나오지 않습니다. 하지만 이 결과를 통해 bidirection을 하고 lstm을 양방향으로 2배의 연산을 한다고 해서 꼭 좋은 결과가 나온다고 판단할 수는 없습니다. 앞으로 배우게 될 dropout을 이해하면 더욱 잘 이해가 될 것입니다. 그렇지만 속도가 거의 2배를 더 잡아먹는다는 것은 잊지 마세요! 그렇다고 bidirectional이 좋지 않은 것도 아닙니다. Bidirectional은 차후 많은 데이터와 시계열 문제를 풀 때 매우 중요한 모델 중 하나입니다. 전체 소스입니다.

```python
#1. 데이터
import numpy as np
x_train = np.array([[1,2,3,4,5], [2,3,4,5,6], [3,4,5,6,7]])
y_train = np.array([6,7,8])

x_train = x_train.reshape(x_train.shape[0], x_train.shape[1], 1)

print("x_train.shape : ", x_train.shape)    #(3, 5, 1)
print("y_train.shape : ", y_train.shape)    #(3, )

#2. 모델 구성
from keras.models import Sequential
from keras.layers import Dense, LSTM, Bidirectional
model = Sequential()

model.add(Bidirectional(LSTM(7, activation='relu'), input_shape = (5, 1)))
model.add(Dense(4))
model.add(Dense(1))

model.summary()

#3. 훈련
model.compile(loss='mse', optimizer='adam', metrics=['mse'])
model.fit(x_train, y_train, epochs=100, batch_size=1)

#4. 평가, 예측
x_predict = np.array([[4,5,6,7,8]])
print(x_predict.shape)                       #(1, 5)
x_predict = x_predict.reshape(x_predict.shape[0], x_predict.shape[1], 1)
print("x_predict.shape : ", x_predict.shape)    # (1, 5, 1)

y_predict = model.predict(x_predict)
print("예측값 : ", y_predict)
```

6. LSTM 레이어 연결

현재까지는 RNN 모델 다음에 바로 Dense층을 연결했습니다. 하지만 LSTM층 역시도 2개 이상을 연결할 수 있습니다. 우선 모델 부분만을 가지고 실행해보겠습니다.

```
#2. 모델 구성
from keras.models import Sequential
from keras.layers import Dense, LSTM
model = Sequential()

model.add(LSTM(7, input_shape = (5, 1), activation ='relu'))
model.add(Dense(4))
model.add(Dense(1))

model.summary()
```

summary()가 정상적으로 실행되는 것을 볼 수 있습니다. 모델 부분만을 수정해보겠습니다. LSTM층 하단에 LSTM을 추가합니다.

```
#2. 모델 구성
from keras.models import Sequential
from keras.layers import Dense, LSTM
model = Sequential()

model.add(LSTM(7, input_shape = (5, 1), activation ='relu'))
model.add(LSTM(8))  # 추가
model.add(Dense(4))
model.add(Dense(1))

model.summary()
```

실행해보겠습니다.

```
ValueError: Input 0 is incompatible with layer lstm_2: expected ndim=3,
found ndim=2
```

실행 결과 ValueError가 발생합니다. 이것은 lstm_2 계층이 호환이 되지 않으며, 'Ndim은 3을 기대했지만, 발견된 ndim은 2입니다'라는 의미입니다. 즉, 차원(dimention 또는 shape)이 맞지 않는 다는 말입니다. lstm은 3개의 차원을 필요로 합니다. 행, 열, 피처(samples, time steps, feature)입니다.

LSTM은 입력의 디멘션은 3입니다. (행, 열, 피처 = None, 5, 1) 하지만 출력의 디멘션은 2입니다. (None, 7) 그러다 보니 shape가 맞지 않아 이런 에러가 발생하는 것입니다. 그렇다면 두 번째 LSTM 레이어에 차원을 맞춰주려면 어떻게 해야 할까요? 그래서 케라스의 LSTM에서는 return_sequence라는 파라미터를 지원합니다. 한 마디로, 이전 차원을 그대로 유지해주겠다는 뜻입니다. 1번째 LSTM 레이어의 소스를 수정하겠습니다.

```
model.add(LSTM(7, input_shape = (5, 1), activation ='relu',
               return_sequences=True ))
```

return_seqeunces=True를 추가해줍니다. 다시 모델 부분을 확인하고 실행해보겠습니다.

```
#2. 모델 구성
from keras.models import Sequential
from keras.layers import Dense, LSTM
model = Sequential()

model.add(LSTM(7, input_shape = (5, 1), activation ='relu',
               return_sequences=True ))
model.add(LSTM(8))  # 추가
model.add(Dense(4))
model.add(Dense(1))


model.summary()
```

실행 결과입니다.

```
--------------------------------------------------------------
Layer (type)                 Output Shape              Param #
==============================================================
lstm_1 (LSTM)                (None, 5, 7)              252
--------------------------------------------------------------
lstm_2 (LSTM)                (None, 8)                 512
--------------------------------------------------------------
dense_1 (Dense)              (None, 4)                 36
--------------------------------------------------------------
dense_2 (Dense)              (None, 1)                 5
==============================================================
Total params: 805
Trainable params: 805
Non-trainable params: 0
--------------------------------------------------------------
```

에러 없이 정상적으로 실행됩니다. lstm_1과 lstm_2도 정상적으로 연결된 것을 확인할 수 있습니다. 이제 데이터와 훈련 평가 예측을 붙여 전체 소스로 실행해보겠습니다. 데이터는 이전 LSTM에서 사용했던 데이터를 그대로 사용하겠습니다. 평가 예측은 4, 5, 6, 7, 8로 다음 숫자가 무엇이 나오는지 예측하도록 하겠습니다. 전체 소스입니다.

```python
#1. 데이터
import numpy as np
x_train = np.array([[1,2,3,4,5], [2,3,4,5,6], [3,4,5,6,7]])
y_train = np.array([6,7,8])

x_train = x_train.reshape(x_train.shape[0], x_train.shape[1], 1)

print("x_train.shape : ", x_train.shape)     #(3, 5, 1)
print("y_train.shape : ", y_train.shape)     #(3, )

#2. 모델 구성
from keras.models import Sequential
from keras.layers import Dense, LSTM
model = Sequential()
```

```
model.add(LSTM(7, input_shape = (5, 1), activation ='relu',
                return_sequences=True ))
model.add(LSTM(8))  # 추가
model.add(Dense(4))
model.add(Dense(1))

model.summary()

#3. 훈련
model.compile(loss='mse', optimizer='adam', metrics=['mse'])
model.fit(x_train, y_train, epochs=100, batch_size=1)

#4. 평가, 예측
x_predict = np.array([[4,5,6,7,8]])
print(x_predict.shape)                       #(1, 5)
x_predict = x_predict.reshape(x_predict.shape[0], x_predict.shape[1], 1)
print("x_predict.shape : ", x_predict.shape)     # (1, 5, 1)

y_predict = model.predict(x_predict)
print("예측값 : ", y_predict)
```

실행 결과입니다.

....

```
예측값 :  [[7.6047754]]
```

....

잘 맞지 않습니다. lstm을 무조건 2개 이상 엮는다고 좋아지지는 않습니다. 특히 이렇게 적은 데이터는 더욱 그렇습니다. 많은 데이터를 쓰게 될 경우 한 번씩 사용해보면서 필요한 순간을 찾기를 권합니다.

물론 이 모델의 경우에는 하이퍼파라미터를 튜닝할 경우 훨씬 더 좋은 성능이 나올 수 있습니다. 결국 성능 판단은 최종 acc나 지표로 확인하는 것이 좋고, 하이퍼파라미터 튜닝을 최대한 많이 해보는 것이 중요합니다.

그렇다면 레이어를 3단 이상 LSTM으로 연결할 수 있을까요? 역시 가능합니다. 쭉 return_sequence로 연결해주면 됩니다. 레이어를 더 늘여보는 것은 각자 직접 한 번 해보기 바랍니다. 여기까지 RNN에 대한 모델들을 알아보았습니다. 다음 장부터는 케라스 모델의 나머지 파라미터들에 대해 알아보도록 하겠습니다.

케라스 모델의
파라미터들과
기타 기법들

케라스 모델의
파라미터들과 기타 기법들

지금까지 레이어와 모델에 들어가는 여러 파라미터들과 기법들에 대해 살펴보았습니다. 노드, 레이어, 뉴런 등에 대해 배웠고, loss, optimizer, metrics, batch_size에 대해서 간략하게 배웠습니다. 이번에는 앞에서 다루지 않은 몇 가지 기법들을 더 다뤄보겠습니다.

1. verbose

model.fit과 predict에서 사용하는 파라미터입니다. LSTM 소스를 가지고 진행해보겠습니다. 이번 장은 이 소스를 계속 반복해서 사용하며 응용합니다.

```
#1. 데이터
import numpy as np
x_train = np.array([[1,2,3,4,5], [2,3,4,5,6], [3,4,5,6,7]])
y_train = np.array([6,7,8])

x_train = x_train.reshape(x_train.shape[0], x_train.shape[1], 1)

print("x_train.shape : ", x_train.shape)     #(3, 5, 1)
print("y_train.shape : ", y_train.shape)      #(3, )
```

```
#2. 모델 구성
from keras.models import Sequential
from keras.layers import Dense, LSTM
model = Sequential()

model.add(LSTM(7, input_shape = (5, 1), activation ='relu'))
model.add(Dense(4))
model.add(Dense(1))

model.summary()

#3. 훈련
model.compile(loss='mse', optimizer='adam', metrics=['mse'])
model.fit(x_train, y_train, epochs=100, batch_size=1)

#4. 평가, 예측
x_predict = np.array([[4,5,6,7,8]])
print(x_predict.shape)                          #(1, 5)
x_predict = x_predict.reshape(x_predict.shape[0], x_predict.shape[1], 1)
print("x_predict.shape : ", x_predict.shape)     # (1, 5, 1)

y_predict = model.predict(x_predict)
print("예측값 : ", y_predict)
```

이 소스에서 model.fit에 verbose를 추가해보겠습니다. model.fit을 다음과 같이 수정합니다.

```
model.fit(x_train, y_train, epochs=100, batch_size=1,
          verbose=0)
```

이 부분만 수정한 뒤 실행해보겠습니다. 뭔가 달라진 것을 느꼈나요? 터미널 창에서 훈련하는 모습이 보이지 않고 바로 결과가 나타납니다. verbose의 파라미터 값으로 0을 입력하면 훈련하는 모습이 나타나지 않습니다. 만약 많은 데이터를 훈련한다면 역시 어느 정도 속도를 지연할 수도 있습니다. 이런 경우에는 verbose=0으로 주면 시간을 조금이나마 단축할 수 있습니다. 대신 훈련되는 모습이 화면상 보이지 않으니 좀 답답할 수도 있습니다. 이번에는 verbose=1로 주고 실행해보겠습니다.

```
model.fit(x_train, y_train, epochs=100, batch_size=1,
          verbose=0)
```

실행 결과입니다.

```
 - loss: 0.4810 - mean_squared_error: 0.4810
Epoch 98/100
1/3 [=========>....................] - ETA: 0s
3/3 [==============================] - 0s 11ms/
step - loss: 0.4719 - mean_squared_error: 0.4719
Epoch 99/100
1/3 [=========>....................] - ETA: 0s
3/3 [==============================] - 0s 10ms/
step - loss: 0.4447 - mean_squared_error: 0.4447
Epoch 100/100
1/3 [=========>....................] - ETA: 0s
3/3 [==============================] - 0s 11ms/
step - loss: 0.4356 - mean_squared_error: 0.4356
```

우리가 verbose를 넣지 않고 했을 때와 똑같습니다. 우리가 verbose를 지정하지 않으면 디폴트로 1을 주게 됩니다. verbose=1일 경우 화면에 두 가지를 보여줍니다. 먼저 진행 상황들을 보여주고, 그 다음 훈련되고 있는 두 가지에 대해 출력값을 보여줍니다.

첫 번째는 loss입니다. 모델을 compile할 때 loss를 지정합니다. 이 소스에서는 mse로 지정했습니다. 이 loss에 대해서 명시됩니다. 그리고 두 번째로 metrics에 명시한 것을 보여줍니다.

```
model.compile(loss='mse', optimizer='adam', metrics=['mse'])
```

metrics에 mse(mean_squared_error)를 명시했습니다. 그래서 터미널 창에 훈련할 때 loss와 mean_squared_error)가 출력되었습니다. 그렇다면 metrics의 값을 바꿔 볼까요? 'mse' 대신 'acc'를 입력해보겠습니다.

```
model.compile(loss='mse', optimizer='adam', metrics=['acc'])
```

실행하고 터미널 창에서 훈련 상황과 결과를 봅니다.

```
Epoch 98/100
1/3 [=========>....................] - ETA: 0s -
3/3 [==============================] - 0s 10ms/
step - loss: 0.6491 - acc: 0.3333
Epoch 99/100
1/3 [=========>....................] - ETA: 0s -
3/3 [==============================] - 0s 11ms/
step - loss: 0.6391 - acc: 0.3333
Epoch 100/100
1/3 [=========>....................] - ETA: 0s -
3/3 [==============================] - 0s 11ms/
step - loss: 0.6265 - acc: 0.3333
```

loss와 acc가 출력되는 것을 볼 수 있습니다. 이번에는 loss에는 mae, metrics에도 'mae'를 넣어보겠습니다. mae는 'mean absolute error'의 약자입니다.

```
model.compile(loss='mse', optimizer='adam', metrics=['mae'])
```

실행하고 터미널 창에서 훈련 상황과 결과를 보겠습니다.

```
Epoch 98/100
1/3 [=========>....................] - ETA: 0s -
3/3 [==============================] - 0s 12ms/step -
loss: 0.4047 - mean_absolute_error: 0.5517
```

```
Epoch 99/100
1/3 [========>.................] - ETA: 0s -
3/3 [============================] - 0s 10ms/step -
loss: 0.4032 - mean_absolute_error: 0.5508
Epoch 100/100
1/3 [========>.................] - ETA: 0s -
3/3 [============================] - 0s 11ms/step -
loss: 0.3870 - mean_absolute_error: 0.5376
```

loss와 mean_absolute_error가 출력되는 것을 볼 수 있습니다. 그렇다면 vervose=2
일 때는 어떻게 될까요? 수정하고 실행해보겠습니다. 편의상 metrics는 mse로 입력
하겠습니다.

```
model.compile(loss='mse', optimizer='adam', metrics=['mse'])
model.fit(x_train, y_train, epochs=100, batch_size=1,
          verbose=2)
```

실행 결과입니다.

```
Epoch 98/100
 - 0s - loss: 0.4368 - mean_squared_error: 0.4368
Epoch 99/100
 - 0s - loss: 0.4376 - mean_squared_error: 0.4376
Epoch 100/100
 - 0s - loss: 0.4274 - mean_squared_error: 0.4274
```

Epoch와 loss, mse만 화면에 간단하게 출력되고 훈련이 진행되는 것을 보여주는 프
로그래스바가 나오지 않습니다. 이제 훈련을 시킬 때 loss와 metrics에 어떤 것을 넣
어서 verbose로 확인하는지에 대해서도 이해했으리라 생각됩니다. 여러분이 모델을
만들 때 verbose 부분도 필요한 옵션에 맞춰서 사용하면 됩니다.

2. EarlyStopping

우리가 모델을 짜고 실행을 하다 보면, 1만 번의 훈련을 시켰는데 3천 번 정도에 최저의 loss 값이 나오는 경우가 많이 있습니다. 이후에는 어떻게 될까요? 오히려 성능이 떨어지는 과적합 단계로 빠지고 맙니다. 이럴 때마다 우리가 일일이 수동으로 변경하는 것은 매우 힘든 일입니다.

케라스에서는 어느 정도의 결괏값이 나오게 되면 멈추게 하는 기능이 제공됩니다. 바로 EarlyStopping입니다. 이름만 들어도 어떤 용도인지 짐작이 갑니다. 이 기능은 fit에서 사용합니다. 이전 소스에서 fit 부분을 수정하겠습니다. 우선 EarlyStopping을 import합니다. 그리고 early_stopping을 정의합니다.

```
from keras.callbacks import EarlyStopping
early_stopping = EarlyStopping(monitor='loss', patience=10, mode='min')
```

monitor는 loss 값을 사용하겠다는 거고, patience는 성능이 증가하지 않는 epoch가 10번 이상 반복되면 중지를 하라는 것입니다. mode는 monitor의 loss 값이 min 값, 그러니까 최솟값일 때 적용하라는 것입니다. 정리하면 loss 값이 최솟값에서 10번 이상 변함이 없거나 올라가면 중지합니다. 이제 early stopping을 적용하겠습니다. early stopping의 적용을 확인하기 위해 epochs를 1000으로 입력하고, verbose=2를 사용하겠습니다.

```
model.fit(x_train, y_train, epochs=1000, batch_size=1,
          verbose=2, callbacks=[early_stopping])
```

fit의 callbacks라는 파라미터에 리스트 형태로 입력을 해주면 됩니다. 이 부분을 수정한 전체 소스입니다.

```
#1. 데이터
import numpy as np
```

```python
x_train = np.array([[1,2,3,4,5], [2,3,4,5,6], [3,4,5,6,7]])
y_train = np.array([6,7,8])

x_train = x_train.reshape(x_train.shape[0], x_train.shape[1], 1)

print("x_train.shape : ", x_train.shape)     #(3, 5, 1)
print("y_train.shape : ", y_train.shape)     #(3, )

#2. 모델 구성
from keras.models import Sequential
from keras.layers import Dense, LSTM
model = Sequential()

model.add(LSTM(7, input_shape = (5, 1), activation ='relu'))
model.add(Dense(4))
model.add(Dense(1))

model.summary()

#3. 훈련
model.compile(loss='mse', optimizer='adam', metrics=['mse'])

from keras.callbacks import EarlyStopping
early_stopping = EarlyStopping(monitor='loss', patience=10, mode='min')
model.fit(x_train, y_train, epochs=1000, batch_size=1,
          verbose=2, callbacks=[early_stopping])

#4. 평가, 예측
x_predict = np.array([[4,5,6,7,8]])
print(x_predict.shape)                         #(1, 5)
x_predict = x_predict.reshape(x_predict.shape[0], x_predict.shape[1], 1)
print("x_predict.shape : ", x_predict.shape)    # (1, 5, 1)

y_predict = model.predict(x_predict)
print("예측값 : ", y_predict)
```

실행해보겠습니다.

```
Epoch 461/1000
 - 0s - loss: 0.0053 - mean_squared_error: 0.0053
Epoch 462/1000
 - 0s - loss: 0.0051 - mean_squared_error: 0.0051
Epoch 463/1000
 - 0s - loss: 0.0050 - mean_squared_error: 0.0050
(1, 5)
x_predict.shape :  (1, 5, 1)
예측값 :  [[8.573706]]
```

1000번의 epoch를 시켰으나 463번 만에 중단했습니다. early_stopping은 실무에 꼭 필요한 부분이니 꼭 이해하시기 바랍니다.

3. TensorBoard

이번에는 직접 만든 모델을 시각화해서 보겠습니다. 모델을 만들고 우리는 summary 만을 이용해서 확인해보았습니다. 그러다 보니 좀 답답한 생각도 들것입니다. 이번에 우리는 웹에서 깔끔하게 우리의 모델을 볼 수 있는 TensorBoard를 사용해보겠습니다. 이전 소스를 그대로 사용하겠습니다.

우리는 TensorBoard를 사용하기 위해 우선 keras.callbacks에 있는 TensorBoard 를 import하겠습니다. 그리고 변수에 정의합니다. keras.callbacks는 EarlyStopping 을 할 때 import했습니다. 여기에 TensorBoard를 추가해주기만 하면 됩니다. 코드 를 적용해보겠습니다.

```
from keras.callbacks import EarlyStopping, TensorBoard
tb_hist = TensorBoard(
    log_dir='./graph', histogram_freq=0,
    write_graph=True, write_images=True)
```

이 코드를 fit 전에 삽입합니다. 그리고 fit의 callbacks를 수정해줍니다.

```
early_stopping = EarlyStopping(monitor='loss', patience=10, mode='min')
model.fit(x_train, y_train, epochs=1000, batch_size=1,
          verbose=2, callbacks=[early_stopping, tb_hist])
```

이제 callbacks가 왜 리스트 형태로 받아들이는지 이해할 수 있을 것입니다. early_stopping 다음에 tb_hist를 입력해줍니다. 전체 소스입니다.

```
#1. 데이터
import numpy as np
x_train = np.array([[1,2,3,4,5], [2,3,4,5,6], [3,4,5,6,7]])
y_train = np.array([6,7,8])

x_train = x_train.reshape(x_train.shape[0], x_train.shape[1], 1)

print("x_train.shape : ", x_train.shape)     #(3, 5, 1)
print("y_train.shape : ", y_train.shape)     #(3, )

#2. 모델 구성
from keras.models import Sequential
from keras.layers import Dense, LSTM
model = Sequential()

model.add(LSTM(7, input_shape = (5, 1), activation ='relu'))
model.add(Dense(4))
model.add(Dense(1))

model.summary()

#3. 훈련
model.compile(loss='mse', optimizer='adam', metrics=['mse'])

from keras.callbacks import EarlyStopping, TensorBoard
tb_hist = TensorBoard(
    log_dir='./graph', histogram_freq=0,
    write_graph=True, write_images=True)
```

```
early_stopping = EarlyStopping(monitor='loss', patience=10, mode='min')
model.fit(x_train, y_train, epochs=1000, batch_size=1,
          verbose=2, callbacks=[early_stopping, tb_hist])

#4. 평가, 예측
x_predict = np.array([[4,5,6,7,8]])
print(x_predict.shape)                              #(1, 5)
x_predict = x_predict.reshape(x_predict.shape[0], x_predict.shape[1], 1)
print("x_predict.shape : ", x_predict.shape)     # (1, 5, 1)

y_predict = model.predict(x_predict)
print("예측값 : ", y_predict)
```

이로써 소스상에서 적용할 부분은 모두 완료되었습니다. 이제 작업 폴더를 수정해줍니다. 독자 여러분들의 파이썬 작업 폴더 하단에 'graph'라는 폴더를 만들어줍니다. 이 폴더에 앞으로 TensorBoard 파일들이 저장됩니다. 소스를 실행해줍니다. 예측값이 나왔으면 정상적으로 실행이 된 것입니다. 그리고 좀 전에 만든 graph 폴더에 들어가 보겠습니다.

[그림 8-1] graph

graph 폴더 안에 이렇게 파일이 생성되었으면 tensorboard가 제대로 실행된 것입니다. 이제 명령 프롬프트 커맨드 창을 켭니다. 필자는 graph 폴더가 f:\study\git\graph 이 경로에 생성되었으니, 잘 기억해두세요. 커맨드 창에 다음과 같이 입력합니다. 경로를 주의합니다.

```
tensorboard --logdir=f:\study\git\graph
```

tensorboard 뒤에 한 칸을 띄고 -를 2개 입력합니다. 그리고 tensorboard 뒤로는 모두 붙여쓰기입니다. 대부분 띄어쓰기와 경로에서 많이 틀립니다.

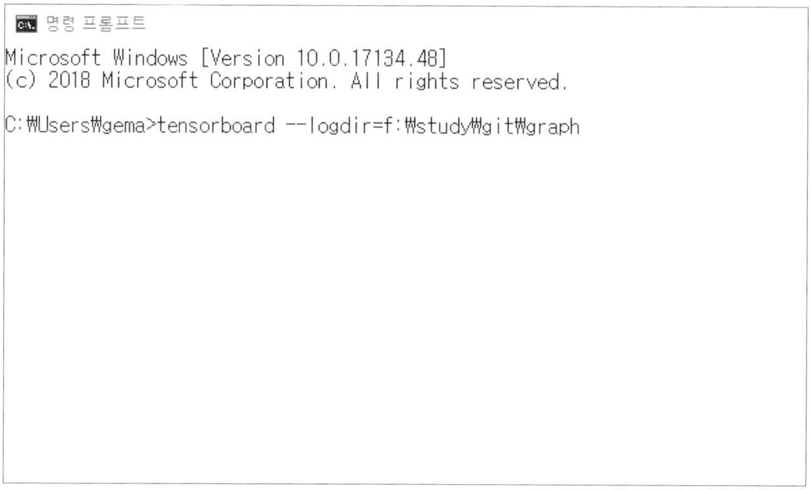
명령 프롬프트
Microsoft Windows [Version 10.0.17134.48]
(c) 2018 Microsoft Corporation. All rights reserved.
C:₩Users₩gema>tensorboard --logdir=f:₩study₩git₩graph

[그림 8-2] TensorBoard 실행

엔터 키를 눌러서 실행해보겠습니다. 시간이 조금 지나면 TensorBoard 1.14.0 at http://gema01-6700k:6006/ (Press CTRL+C to quit)라는 메시지가 뜹니다.

```
명령 프롬프트 - tensorboard --logdir=e:\study\git\graph
ype' as a synonym of type is deprecated; in a future version of numpy, it will be understood as (type, (1,)) / '(1,)type
  _np_qint32 = np.dtype([("qint32", np.int32, 1)])
e:\anaconda3\lib\site-packages\tensorboard\compat\tensorflow_stub\dtypes.py:550: FutureWarning: Passing (type, 1) or '1t
ype' as a synonym of type is deprecated; in a future version of numpy, it will be understood as (type, (1,)) / '(1,)type
  np_resource = np.dtype([("resource", np.ubyte, 1)])
e:\anaconda3\lib\site-packages\tensorflow\python\framework\dtypes.py:516: FutureWarning: Passing (type, 1) or '1type' as
 a synonym of type is deprecated; in a future version of numpy, it will be understood as (type, (1,)) / '(1,)type'.
  _np_qint8 = np.dtype([("qint8", np.int8, 1)])
e:\anaconda3\lib\site-packages\tensorflow\python\framework\dtypes.py:517: FutureWarning: Passing (type, 1) or '1type' as
 a synonym of type is deprecated; in a future version of numpy, it will be understood as (type, (1,)) / '(1,)type'.
  _np_quint8 = np.dtype([("quint8", np.uint8, 1)])
e:\anaconda3\lib\site-packages\tensorflow\python\framework\dtypes.py:518: FutureWarning: Passing (type, 1) or '1type' as
 a synonym of type is deprecated; in a future version of numpy, it will be understood as (type, (1,)) / '(1,)type'.
  _np_qint16 = np.dtype([("qint16", np.int16, 1)])
e:\anaconda3\lib\site-packages\tensorflow\python\framework\dtypes.py:519: FutureWarning: Passing (type, 1) or '1type' as
 a synonym of type is deprecated; in a future version of numpy, it will be understood as (type, (1,)) / '(1,)type'.
  _np_quint16 = np.dtype([("quint16", np.uint16, 1)])
e:\anaconda3\lib\site-packages\tensorflow\python\framework\dtypes.py:520: FutureWarning: Passing (type, 1) or '1type' as
 a synonym of type is deprecated; in a future version of numpy, it will be understood as (type, (1,)) / '(1,)type'.
  _np_qint32 = np.dtype([("qint32", np.int32, 1)])
e:\anaconda3\lib\site-packages\tensorflow\python\framework\dtypes.py:525: FutureWarning: Passing (type, 1) or '1type' as
 a synonym of type is deprecated; in a future version of numpy, it will be understood as (type, (1,)) / '(1,)type'.
  np_resource = np.dtype([("resource", np.ubyte, 1)])
e:\anaconda3\lib\site-packages\h5py\__init__.py:36: FutureWarning: Conversion of the second argument of issubdtype from
`float` to `np.floating` is deprecated. In future, it will be treated as `np.float64 == np.dtype(float).type`.
  from ._conv import register_converters as _register_converters
TensorBoard 1.14.0 at http://gemanote2:6006/ (Press CTRL+C to quit)
```

[그림 8-3] TensorBoard 실행

이제 크롬을 켭니다. 주소창에 다음과 같이 입력합니다.

Localhost:6006 또는 127.0.0.1:6006 또는 본인의 PC이름:6006

[그림 8-4] 실행창

실행하면 다음과 같이 TensorBoard가 뜹니다.

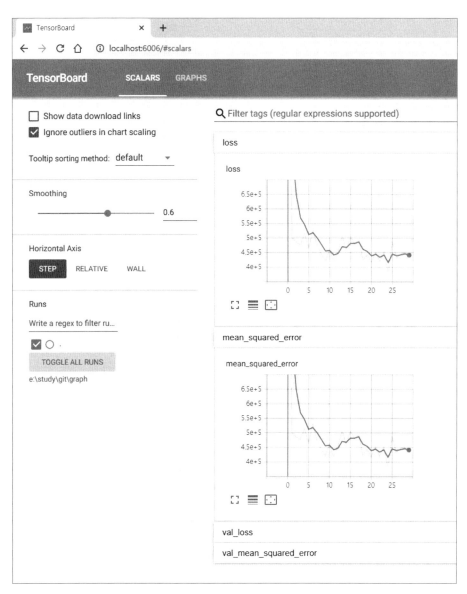

[그림 8-5] TensorBoard

보다시피 loss와 mse가 친절하게 잘 나와 있습니다. 상단 메뉴에서 'GRAPHS'를 누릅니다.

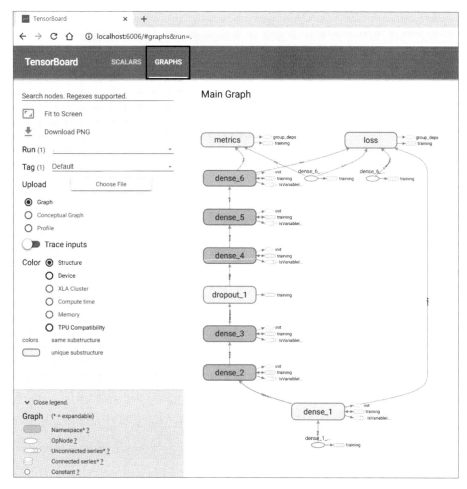

[그림 8-6] TensorBoard

모델의 구성이 그래프로 잘 나와 있습니다. 그리고 현재 TensorBoard가 잘 작동되는 지는 조금 전에 켰던 커맨드 창을 보고 확인할 수 있습니다. 다음과 같은 화면이 떴다면 정상적으로 작동되고 있는 것입니다.

[그림 8-7] cmd

여러 메뉴를 확인해가면서 TensorBoard에 익숙해지기 바랍니다. 조금만 익숙해지면 TensorBoard의 많은 기능에 더욱 놀라게 될 것입니다.

4. 모델의 Save

이제 우리가 만든 모델을 Save하고 Load하는 방법에 대해 알아보겠습니다. 케글과 헤커톤 등에 우승한 모델들이 있습니다. 그리고 많은 딥러닝 책에 수많은 모델들이 있습니다. 그런데 이 모델들은 재사용이 가능할까요? 그렇습니다. 모든 모델들은 재사용이 가능합니다. 단, 새로운 데이터에 이미 만들어진 모델이 적용이 잘 되는지는 막상 훈련을 해봐야 알 수 있습니다.

다시 이야기하지만, 어느 정도 모델링이 가능해지면 진짜 어려워지는 것이 데이터 전처리입니다. 깔끔하게 정제된 데이터를 만드는 것은 생각보다 훨씬 어렵습니다. 먼저, 우리가 만든 모델을 Save해보겠습니다. LSTM 모델 때 사용한 소스를 가져온 뒤 모델 부분만 확인하겠습니다.

```
#2. 모델 구성
from keras.models import Sequential
from keras.layers import Dense, LSTM
model = Sequential()

model.add(LSTM(7, input_shape = (5, 1), activation ='relu'))
model.add(Dense(4))
model.add(Dense(1))
```

여기에 다음 소스를 추가합니다.

```
model.save('savetest01.h5')
print("저장 잘 됐음")
```

실행해보겠습니다. "저장 잘 됐음"이 출력됐다면 정상적으로 잘 저장된 것입니다. 작업 폴더에 가서 savetest01.h5가 생성되었는지 확인합니다. 참고로 모델을 저장할 때 확장자는 .h5입니다.

5. 모델의 Load

이번에는 앞에서 저장한 모델을 불러오기 하겠습니다.

```
#2. 모델 구성
from keras.models import load_model
model = load_model("savetest01.h5")

model.summary()
```

이 소스만 실행해봅니다. summary()가 정상적으로 출력되는지 확인합니다.

```
--------------------------------------------------------------------------
Layer (type)                     Output Shape               Param #
==========================================================================
lstm_1 (LSTM)                    (None, 7)                  252
--------------------------------------------------------------------------
dense_1 (Dense)                  (None, 4)                  32
--------------------------------------------------------------------------
dense_2 (Dense)                  (None, 1)                  5
==========================================================================
Total params: 289
Trainable params: 289
Non-trainable params: 0
--------------------------------------------------------------------------
```

기존과 동일하게 잘 출력이 됩니다. save할 때는 model.save("파일명")으로 하면 되지만, load할 때는 load_model을 import하고 Sequential이나 함수형 모델을 정의하듯이 model=load_model("파일명")으로 모델을 로드해주어야 합니다.

자, 이제 모델을 save하고 load하는 것은 이해가 됐을 겁니다. 그런데 우리가 모델을 save하고 load하는 것은 단순히 저장하고 불러오기만 하는 것이 아니었습니다. 바로 재사용도 할 수 있어야 합니다. 남이 만든 모델이든 내가 만든 모델이든 간에 불러오기 해서 새로운 레이어들을 추가할 수 있어야 합니다. 불러오기 한 아랫부분에 레이어를 추가해보겠습니다.

```
#2. 모델 구성
from keras.models import load_model
model = load_model("savetest01.h5")

from keras.layers import Dense  # 추가
model.add(Dense(1))             # 추가

model.summary()
```

Dens 모델이 import되지 않았으므로 Dense를 import합니다. 그리고 Dense 레이어 한 개를 추가해줍니다. 실행해보겠습니다. 모델을 만들 때 모델의 하단에 추가만

해주면 추가 레이어가 연결됩니다. 그런데 위 소스를 실행하면 에러가 발생합니다.

```
ValueError: The name "dense_1" is used 2 times in the model.
All layer names should be unique.
```

이번에도 또 Value 에러인데, 메시지가 조금 다릅니다. 에러 메시지의 내용은 'dense _1이 두 번 사용되었다'입니다. 위에 summary를 출력한 부분이 있는데 거기에 보면 dense_1이라는 이름이 이미 사용되었습니다. 그렇다면 이유가 무엇일까요?

model.add(Dense(1))를 새로 추가해준 것 역시 이름이 dense_1이라는 것입니다. 그래서 불러오기의 dense_1과 새로 추가한 레이어의 dense_1이 충돌하는 것입니다. 그렇다면 이름을 바꿔주면 될 것 같습니다. Dense 레이어에 name을 명시해서 수정해 줍니다. name은 dense_x로 정하겠습니다.

```
#2. 모델 구성
from keras.models import load_model
model = load_model("savetest01.h5")

from keras.layers import Dense
model.add(Dense(1, name='dense_x'))      # 수정

model.summary()
```

소스를 실행합니다.

```
_____
Layer (type)                 Output Shape              Param #
=================================================================
lstm_1 (LSTM)                (None, 7)                 252
_____
dense_1 (Dense)              (None, 4)                 32
_____
dense_2 (Dense)              (None, 1)                 5
```

```
--------------------------------------------------------------------
dense_x (Dense)              (None, 1)                    2
====================================================================
Total params: 291
Trainable params: 291
Non-trainable params: 0
--------------------------------------------------------------------
```

summary()를 확인하면 dense_x층이 잘 생성된 것을 확인할 수 있습니다. 이제 기존
데이터와 엮어서 잘 작동하는지 확인해보겠습니다.

```python
#1. 데이터
import numpy as np
x_train = np.array([[1,2,3,4,5], [2,3,4,5,6], [3,4,5,6,7]])
y_train = np.array([6,7,8])

x_train = x_train.reshape(x_train.shape[0], x_train.shape[1], 1)

print("x_train.shape : ", x_train.shape)     #(3, 5, 1)
print("y_train.shape : ", y_train.shape)     #(3, )
```

기존 LSTM용 데이터를 사용합니다. 이번에 불러오기 한 모델을 붙여줍니다.

```python
#2. 모델 구성
from keras.models import load_model
model = load_model("savetest01.h5")

from keras.layers import Dense
model.add(Dense(1, name='dense_x'))

model.summary()
```

훈련과 평가, 예측을 붙여 실행하겠습니다.

```python
#3. 훈련
model.compile(loss='mse', optimizer='adam', metrics=['mse'])
```

```
from keras.callbacks import EarlyStopping, TensorBoard
tb_hist = TensorBoard(
    log_dir='./graph', histogram_freq=0,
    write_graph=True, write_images=True)

early_stopping = EarlyStopping(monitor='loss', patience=10, mode='min')
model.fit(x_train, y_train, epochs=1000, batch_size=1,
          verbose=2, callbacks=[early_stopping, tb_hist])

#4. 평가, 예측
x_predict = np.array([[4,5,6,7,8]])
print(x_predict.shape)                        #(1, 5)
x_predict = x_predict.reshape(x_predict.shape[0], x_predict.shape[1], 1)
print("x_predict.shape : ", x_predict.shape)    # (1, 5, 1)

y_predict = model.predict(x_predict)
print("예측값 : ", y_predict)
```

1000번의 epoch 중 666번째에 early stopping이 되었습니다.

```
Epoch 666/1000
 - 0s - loss: 7.5950e-04 - mean_squared_error: 7.5950e-04
(1, 5)
x_predict.shape :  (1, 5, 1)
예측값 :  [[8.757232]]
```

이런 식으로 다른 사람이 만든 모델이나 내가 만든 모델들을 불러와 재사용할 수 있습니다. 이는 상당히 효율적인 관리가 가능한 방식입니다.

RNN용 데이터 자르기

RNN용 데이터 자르기

RNN 모델은 주로 연속적인 데이터를 처리할 때 많이 사용합니다. 주가, 환율, 금리, 국제 유가 등… 그러다 보니 연속되는 데이터를 구했을 때 제일 처음 고민하는 것 중 하나가 이 데이터를 어떻게 잘라야 할지, 데이터의 x값과 y값을 어떻게 나누어야 할지, 만약 RNN을 적용한다면 몇 개씩 잘라서 작업을 해야 할지 등 데이터를 분리하는 것으로, 많은 어려움을 겪게 됩니다. 특히 x와 y를 어디서부터 어디까지로 할 것인가가 첫 번째 고민이 됩니다.

1. split 함수 만들기(다:1)

간단한 데이터로 시작하겠습니다. 우리가 평소에 즐겨 썼던 1부터 10까지의 데이터로 시작해 보겠습니다.

```
#1. 데이터
import numpy as np
dataset = np.array([1,2,3,4,5,6,7,8,9,10])
```

우선 우리는 이 데이터를 RNN에 쓸 것이고 5개의 연속된 데이터로 그 다음의 데이터 값을 예측하는 모델을 만들고자 합니다. 1부터 4까지의 데이터를 가지고 5를 예측하고, 2부터 5까지의 데이터를 가지고 6을 예측하고…. 마지막으로 6부터 9까지의 데이터로 10을 예측하는 데이터셋으로 바꿔줍니다. 이 데이터는 다음과 같은 스타일의 데이터가 될 것입니다.

x	y
1, 2, 3, 4	5
2, 3, 4, 5	6
3, 4, 5, 6	7
4, 5, 6, 7	8
5, 6, 7, 8	9
6, 7, 8, 9	10

x는 6행 4열이고, y는 6행 1열이며 정확히는 개수가 6인 벡터입니다. 지금은 몇 개의 데이터가 아니므로 이 데이터를 일일이 집어넣어서 데이터셋을 만들 수도 있습니다. 하지만 독자분들이 주가나 환율 등의 데이터 몇 십만 개를 가지고 RNN 모델을 만들 때도 일일이 하나씩 잘라서 할 수 있을까요? 그래서 이제부터 함수를 만들 것입니다. 연속된 데이터를 내가 원하는 만큼 잘라서 정확하고 편하게 데이터셋을 만들어 쓰기 위해서입니다. 먼저 아래 코드를 코딩해보겠습니다.

```python
def split_xy1(dataset, time_steps):
    x, y = list(), list()
    for i in range(len(dataset)):
        end_number = i + time_steps
        if end_number > len(dataset) -1:
            break
        tmp_x, tmp_y = dataset[i:end_number], dataset[end_number]
        x.append(tmp_x)
        y.append(tmp_y)
    return np.array(x), np.array(y)

x, y = split_xy1(dataset, 4)
print(x, "\n", y)
```

여기까지 코딩한 것을 실행해서 다음과 같이 출력이 되었는지 확인하고, 정상 출력이 되었다면 계속 진행합니다.

```
[[1 2 3 4]
 [2 3 4 5]
 [3 4 5 6]
 [4 5 6 7]
 [5 6 7 8]
 [6 7 8 9]]
 [ 5  6  7  8  9 10]
```

이 함수는 연속된 데이터셋을 자르기 위해 만든 함수입니다. 우선 사용하기 전에 RNN의 입력에 대해서 다시 확인하겠습니다. RNN의 input_shape는 (samplse, time_steps, feature)입니다. 이를 다시 표현하면 (행, 열, 특성), (행, 열, 피처), (전체 샘플 수, 타임스텝, 피처), (행, 열, 몇 개씩 자르는지) 등 여러 가지로 표현할 수 있습니다. 먼저, RNN 모델에 맞는 shape를 만들기 위해서 (samplse, time_steps, feature)의 모양을 만들어줘야 합니다. 이 함수를 통해 1에서 10까지의 단순 데이터를 6행 4열의 x 데이터와 6개의 개수가 있는 벡터로 만들어주었습니다.

split_xy 함수의 사용법은 간단합니다. 첫 번째 입력값인 dataset에 데이터셋을 넣어주고, time_steps에 자르고 싶은 컬럼 수를 넣어주면 됩니다. 이렇게 하면 우리가 원하는 x와 y값이 나누어지고, RNN 모델을 돌리기 위해서는 shape만 조금 더 수정해주면 됩니다. 이제 이 함수의 구조를 알아보겠습니다.

```
def split_xy1(dataset, time_steps):
```

split_xy 함수를 정의하고 매개변수로 dataset과 timesteps를 정의합니다. dataset은 우리가 자르고자 하는 데이터셋을, time_steps는 몇 개의 컬럼(열)으로 자를 건지를 나타냅니다.

```
x, y = list(), list()
```

우선 리턴해줄 x와 y를 리스트로 정의해줍니다.

```
for i in range(len(dataset)):
```

dataset의 개수만큼 for문을 돌립니다.

```
end_number = i + time_steps
```

마지막 숫자가 몇인지를 정의합니다. 1회전을 할 때 i는 0이므로 0+4=4, 마지막 숫자는 4가 됩니다.

```
if end_number > len(dataset) -1:
    break
```

만약 방금 구한 마지막 숫자가 dataset의 전체 길이에서 1개를 뺀 값보다 크면 for문을 정지합니다. 현재 end_number=4이고, len(dataset)-1은 9입니다. end_number가 10이 넘으면 for문이 break되면서 이 함수는 끝이 납니다.

```
tmp_x, tmp_y = dataset[i:end_number], dataset[end_number]
x.append(tmp_x)
y.append(tmp_y)
```

i가 0일 때 tmp_x는 dataset[0:4]이므로 [1,2,3,4]가 되고, tmp_y는 dataset[4]이므로 다섯 번째의 숫자인 5가 됩니다. 이 값들이 for문을 통해 마지막 숫자(end_number)가 10이 넘지 않을 때까지 반복해서 리스트에 append로 붙게 됩니다.

```
return np.array(x), np.array(y)
```

for문이 모두 끝나면 이 함수는 x와 y값을 반환합니다. 이 함수의 구조를 알았으니 응용을 해보겠습니다. x 데이터를 3개씩 자르는 구조를 만들어 x와 y를 나눠보겠습니다. 다음을 코딩하고 실행합니다.

```
x, y = split_xy1(dataset, 3)
print(x, "\n", y)
```

실행 결과입니다.

```
[[1 2 3]
 [2 3 4]
 [3 4 5]
 [4 5 6]
 [5 6 7]
 [6 7 8]
 [7 8 9]]
 [ 4  5  6  7  8  9 10]
```

정상적으로 잘 분리되었습니다.

2. split 함수 만들기 2(다:다)

이번에는 데이터셋을 time_steps만큼 잘라서 x값을 만들고, y값 역시도 우리가 원하는 만큼으로 잘라서 만드는 함수를 만들어보겠습니다. RNN 모델을 구현할 때 주식으로 비유한다면, 3일 전, 2일 전, 1일 전의 주식 데이터를 가지고 훈련해서 내일과 모레의 주가를 예측하는 모델을 만드는 것이 가능합니다. 하지만 3개의 time_steps로 x를 만들고 2개의 y 컬럼을 만드는 함수를 만들어보겠습니다. 데이터는 splite 함수 만들기(다:1)와 동일하게 준비합니다.

```
import numpy as np
dataset = np.array([1,2,3,4,5,6,7,8,9,10])
```

다음 코드를 코딩하여 실행하고 결과를 확인합니다.

```
def split_xy2(dataset, time_steps, y_column):
    x, y = list(), list()
    for i in range(len(dataset)):
        x_end_number = i + time_steps
        y_end_number = x_end_number + y_column          # 추가
        # if end_number > len(dataset) -1:
        #     break
        if y_end_number > len(dataset):                 # 수정
            break
        tmp_x = dataset[i : x_end_number]
        tmp_y = dataset[x_end_number : y_end_number]    # 수정
        x.append(tmp_x)
        y.append(tmp_y)
    return np.array(x), np.array(y)

time_steps = 4
y_column = 2
x, y = split_xy2(dataset, time_steps, y_column)
print(x, "\n", y)
print("x.shape : ", x.shape)
print("y.shape : ", y.shape)
```

이번에는 함수 안에 x의 컬럼과 y의 컬럼 수를 받아들일 수 있게 되었습니다. 이제 이 함수를 이용하여 차원이 여러 개인 연속된 데이터들을 x와 y로 나눕니다. 실행 결과입니다.

```
[[1 2 3 4]
 [2 3 4 5]
 [3 4 5 6]
 [4 5 6 7]
```

```
 [5 6 7 8]]
 [[ 5  6]
 [ 6  7]
 [ 7  8]
 [ 8  9]
 [ 9 10]]
x.shape :  (5, 4)
y.shape :  (5, 2)
```

dataset에서 time_steps(x의 열의 개수)를 4로 주고 y_colums를 2로 주어서 잘라냈습니다. x는 (5, 4), y는 (5, 2)로 정상적으로 잘 출력되었습니다. 이제 소스에서 수정된 부분들을 확인해보겠습니다.

```
def split_xy2(dataset, time_steps, y_column):
    x, y = list(), list()
```

y_column이라는 매개변수를 추가했습니다. y값의 원하는 열의 개수를 지정하기 위해서입니다.

```
for i in range(len(dataset)):
        x_end_number = i + time_steps
        y_end_number = x_end_number + y_column  # 추가
```

이전 소스의 end_number를 x_end_number로 수정했습니다. x값의 끝번호라는 의미입니다. i가 0일 때 현재 time_steps가 4이므로 x_end_number는 4입니다. y_end_number가 추가되었습니다. x_end_number가 x의 끝이므로 y_end_number는 y_column의 개수만큼 추가되어 끝자리를 나타냅니다.

```
        # if end_number > len(dataset) -1:
        #     break
        if y_end_number > len(dataset):  # 수정
            break
```

y_end_number의 끝이 10 이상이 될 경우(11이 되면) for문을 중지합니다.

```
        tmp_x = dataset[i : x_end_number]
        tmp_y = dataset[x_end_number : y_end_number]      # 수정
        x.append(tmp_x)
        y.append(tmp_y)
    return np.array(x), np.array(y)
```

tmp_x와 tmp_y에는 각각에 입력될 한 행이 입력되서, x와 y에 순차적으로 붙어서 리스트 형태로 저장됩니다. 이렇게 해서 데이터가 연결된 (시계열 등)의 데이터를 자르는 함수를 만들고 연습을 해보았습니다. 주식, 환율, 유가, 선물, 파생상품 등 많은 데이터에서 사용할 수 있습니다.

시계열 데이터는 y값이 애매합니다. 데이터를 얼마씩 잘라서 x와 y를 만들지는 데이터 분석가나 개발자의 몫입니다. 독자 여러분들도 미리 데이터를 어떻게 자를지 함수 등을 통해서 준비한다면, 해커톤이나 실무 등에서 시간을 절약할 수 있습니다. 지금까지는 컬럼이 1개인 연속된 데이터를 잘랐습니다. 이제 2개 이상인 데이터들을 잘라서 훈련에 적합한 x값과 y값으로 나누는 함수를 실습해보겠습니다.

3. split 함수 만들기 3(다입력, 다:1)

2차원 이상의 데이터를 입력받아 x는 다차원 배열로 나누고, y는 벡터 형태로 나누는 함수를 만들어보겠습니다. 각 10개씩의 데이터가 있는 3개의 컬럼을 보유한 데이터입니다.

1	11	21
2	12	22
3	13	23
4	14	24

5	15	25
6	16	26
7	17	27
8	18	28
9	19	29
10	20	30

이 데이터의 첫 번째 행과 두 번째 행을 각각 3개씩 잘라서 x로 사용하고, 세 번째 행의 세 번째 값부터 y값으로 사용하는 함수를 만들어보겠습니다. 데이터는 다음과 같이 나뉩니다.

x		y
1	11	21
2	12	22
3	13	23
4	14	24
5	15	25
6	16	26
7	17	27
8	18	28
9	19	29
10	20	30

첫 데이터의 x는 [[1,11],[2,12],[3,13]]이고 y는 23입니다. 마지막 데이터의 x는 [[8,18],[9,19],[10,20]]이고 y는 30입니다. 우선 데이터를 준비합니다.

```
#1. 데이터
import numpy as np
```

```
dataset = np.array([[1,2,3,4,5,6,7,8,9,10],
                    [11,12,13,14,15,16,17,18,19,20],
                    [21,22,23,24,25,26,27,28,29,30]])
print("dataset.shape : ", dataset.shape)


dataset = np.transpose(dataset)
print(dataset)
print("dataset.shape : ", dataset.shape)
```

실행하여 현재 dataset의 값과 shape를 확인합니다.

```
[[ 1 11 21]
 [ 2 12 22]
 [ 3 13 23]
 [ 4 14 24]
 [ 5 15 25]
 [ 6 16 26]
 [ 7 17 27]
 [ 8 18 28]
 [ 9 19 29]
 [10 20 30]]
dataset.shape :  (10, 3)
```

데이터의 구조는 10행 3열의 구조입니다. 이제 이런 컬럼이 여러 개인 데이터를 시계
열에 쓰기 좋도록 자르는 작업을 하겠습니다. 우선 각 열을 1번 열, 11번 열, 21번 열
이라고 할 때 우리는 1번 열, 11번 열의 각 3개의 데이터를 이용하여 21번 열의 23을
예측하는 모델을 만든다고 가정해보겠습니다. 그 다음에는 2, 3, 4와 12, 13, 14를 이
용해서 24를 예측하는 훈련합니다. 마지막으로 7, 8, 9와 17, 18, 19를 이용해서 29,
30을 훈련하게 하는 데이터셋을 만듭니다. 함수를 만들어보겠습니다.

```
def split_xy3(dataset, time_steps, y_column):
    x, y = list(), list()
    for i in range(len(dataset)):
        x_end_number = i + time_steps
```

```
        y_end_number = x_end_number + y_column -1           # 수정

        if y_end_number > len(dataset):                     # 수정
            break
        tmp_x = dataset[i:x_end_number, :-1]
        tmp_y = dataset[x_end_number-1:y_end_number, -1]    # 수정
        x.append(tmp_x)
        y.append(tmp_y)
    return np.array(x), np.array(y)
x, y = split_xy3(dataset, 3, 1)
print(x, "\n", y)
print(x.shape)
print(y.shape)
```

우리는 이전에 두 번째로 만든 다:다 split_xy 함수를 약간 수정했습니다. time_steps 는 엄밀하게 말하면 열(컬럼)이지만, 이 함수에서는 x 데이터를 (time_steps, 2)로 자르기 위해 사용되었습니다. split_xy에 대해서는 자세히 살펴봤으니 이제 for문에 0 부터 하나씩 대입해보면서 계산합니다. 실행 결과입니다.

```
[[[  1 11]
  [  2 12]
  [  3 13]]
 [[  2 12]
  [  3 13]
  [  4 14]]
 [[  3 13]
  [  4 14]
  [  5 15]]
 [[  4 14]
  [  5 15]
  [  6 16]]
 [[  5 15]
  [  6 16]
  [  7 17]]
 [[  6 16]
  [  7 17]
```

```
  [ 8 18]]
 [[ 7 17]
  [ 8 18]
  [ 9 19]]]
 [[ 8 18]
  [ 9 19]
  [10 20]]]
 [[23]
  [24]
  [25]
  [26]
  [27]
  [28]
  [29]
  [30]]
(8, 3, 2)
(8, 1)
```

x는 전체 데이터의 shape가 (8, 3, 2)가 되었고, y는 (8, 1)이 되었습니다. X 데이터는 RNN에 입력하기 좋은 shape 형태가 되었습니다. y값은 x의 샘플 수(8)에 각 대응을 해야 하므로 벡터 형태로 한 번 더 reshape해주는 일이 남아 있습니다.

```python
y = y.reshape(y.shape[0])
print(y.shape)
```

이렇게 reshape해주면 데이터를 자르는 작업은 끝났습니다.

4. split 함수 만들기 4(다입력, 다:다)

앞에서 다입력, 다:다 형태의 함수를 구현해 놓았습니다. y_column의 값만 변경하면 우리가 원하는 데이터 행태로 자를 수 있습니다. 우선 동일하게 3개의 컬럼에 각 행이 10개짜리인 데이터를 다시 준비하겠습니다.

1	11	21
2	12	22
3	13	23
4	14	24
5	15	25
6	16	26
7	17	27
8	18	28
9	19	29
10	20	30

이 데이터의 첫 번째 행과 두 번째 행을 각각 3개씩 잘라서 x로 사용하고, 세 번째 행의 세 번째 값부터 y값으로 사용하는 함수를 만들어보겠습니다. 데이터는 다음과 같이 나뉩니다.

x		y
1	11	21
2	12	22
3	13	23
4	14	24
5	15	25
6	16	26
7	17	27
8	18	28
9	19	29
10	20	30

첫 번째 x의 값은 [[1,11], [2,12], [3,13]]이고, y값은 [23, 24] 입니다. 마지막 x의 값은 [[7,17],[8,18],[9,19]]이고, y값은 [29, 30]입니다. 함수는 앞에서 사용했던 것과 동일한 함수를 사용합니다.

```
def split_xy3(dataset, time_steps, y_column):
    x, y = list(), list()
    for i in range(len(dataset)):
        x_end_number = i + time_steps
        y_end_number = x_end_number + y_column -1        # 수정

        if y_end_number > len(dataset):                  # 수정
            break
        tmp_x = dataset[i:x_end_number, :-1]
        tmp_y = dataset[x_end_number-1:y_end_number, -1]  # 수정
        x.append(tmp_x)
        y.append(tmp_y)
    return np.array(x), np.array(y)
x, y = split_xy3(dataset, 3, 2)                          # 2를 1로 수정
print(x, "\n", y)
print(x.shape)
print(y.shape)
```

time_steps에 3, y_column에 2를 넣으면 우리가 원하는 크기로 자를 수 있습니다. 실행 결과입니다.

```
[[[ 1 11]
  [ 2 12]
  [ 3 13]]
 [[ 2 12]
  [ 3 13]
  [ 4 14]]
 [[ 3 13]
  [ 4 14]
  [ 5 15]]
 [[ 4 14]
```

```
     [ 5 15]
     [ 6 16]]
   [[ 5 15]
     [ 6 16]
     [ 7 17]]
   [[ 6 16]
     [ 7 17]
     [ 8 18]]
   [[ 7 17]
     [ 8 18]
     [ 9 19]]]
  [[23 24]
   [24 25]
   [25 26]
   [26 27]
   [27 28]
   [28 29]
   [29 30]]
  (7, 3, 2)
  (7, 2)
```

5. split 함수 만들기 5(다입력, 다:다 두 번째)

이번에는 전체 컬럼에서 행으로 잘라서 x를 만들고, 그 다음 행을 y로 만드는 데이터 형식의 함수를 만들어보겠습니다. 이번에 우리가 만들게 될 데이터의 형태입니다.

1	11	21	
2	12	22	x
3	13	23	
4	14	24	y
5	15	25	
6	16	26	

7	17	27
8	18	28
9	19	29
10	20	30

x의 첫 번째 데이터는 [[1,11,21],[2,12,22],[3,13,23]]이고, y의 첫 번째 데이터는 [4, 14, 24]입니다. x의 마지막 데이터는 [[7,17,27],[8,18,28],[9,19,29]]이고, y의 마지막 데이터는 [10, 20, 30]입니다. 데이터를 준비합니다.

```python
import numpy as np
dataset = np.array([[1,2,3,4,5,6,7,8,9,10],
                    [11,12,13,14,15,16,17,18,19,20],
                    [21,22,23,24,25,26,27,28,29,30]])
print("dataset.shape : ", dataset.shape)

dataset = np.transpose(dataset)
print(dataset)
print("dataset.shape : ", dataset.shape)
```

split_xy를 준비하겠습니다.

```python
def split_xy5(dataset, time_steps, y_column):
    x, y = list(), list()
    for i in range(len(dataset)):
        x_end_number = i + time_steps
        y_end_number = x_end_number + y_column        # 수정

        if y_end_number > len(dataset):               # 수정
            break
        tmp_x = dataset[i:x_end_number, :]            # 수정
        tmp_y = dataset[x_end_number:y_end_number, :] # 수정
        x.append(tmp_x)
        y.append(tmp_y)
```

```
    return np.array(x), np.array(y)
x, y = split_xy5(dataset, 3, 1)
print(x, "\n", y)
print(x.shape)
print(y.shape)
```

실행해서 결과를 확인합니다.

....

```
[[[ 1 11 21]
  [ 2 12 22]
  [ 3 13 23]]
 [[ 2 12 22]
  [ 3 13 23]
  [ 4 14 24]]
 [[ 3 13 23]
  [ 4 14 24]
  [ 5 15 25]]
 [[ 4 14 24]
  [ 5 15 25]
  [ 6 16 26]]
 [[ 5 15 25]
  [ 6 16 26]
  [ 7 17 27]]
 [[ 6 16 26]
  [ 7 17 27]
  [ 8 18 28]]
 [[ 7 17 27]
  [ 8 18 28]
  [ 9 19 29]]]

 [[[ 4 14 24]]
 [[ 5 15 25]]
 [[ 6 16 26]]
 [[ 7 17 27]]
 [[ 8 18 28]]
 [[ 9 19 29]]
 [[10 20 30]]]
```

```
(7, 3, 3)
(7, 1, 3)
```

x는 우리가 원하던 (7, 3, 3)으로 잘 잘렸고, y값도 정상적으로 잘 분리가 되었습니다. 함수는 전체적으로 여러 번 설명했으므로 이번에 수정된 부분 중 중요한 부분만을 설명하겠습니다.

```
tmp_x = dataset[i:x_end_number, :]              # 수정
tmp_y = dataset[x_end_number:y_end_number, :]   # 수정
x.append(tmp_x)
y.append(tmp_y)
```

dataset에 리스트로 계속 연결될 때, x는 i가 0일 경우 0부터 4까지의 행, 그 행의 전체 열이 첫 번째 x에 입력되고, 이것이 append를 통해서 이어져서 전체 x를 구성합니다. X 데이터셋의 행은 'i:x_end_number'이고 열은 ':'인 점에 주의하면 됩니다. 이제 이 함수를 이용해서 아래와 같이 x는 3행 3열로 자르고, y는 3행 2열로 자르고 테스트해 보겠습니다.

1	11	21	x
2	12	22	
3	13	23	
4	14	24	
5	15	25	y
6	16	26	
7	17	27	
8	18	28	
9	19	29	
10	20	30	

어떻게 하면 될까요? 간단합니다. 함수의 세 번째 인자에 2만 주면 됩니다. 아래 코드
를 실행해보겠습니다.

```
x, y = split_xy5(dataset, 3, 2)
```

실행 결과입니다.

```
[[[ 1 11 21]
  [ 2 12 22]
  [ 3 13 23]]
 [[ 2 12 22]
  [ 3 13 23]
  [ 4 14 24]]
 [[ 3 13 23]
  [ 4 14 24]
  [ 5 15 25]]
 [[ 4 14 24]
  [ 5 15 25]
  [ 6 16 26]]
 [[ 5 15 25]
  [ 6 16 26]
  [ 7 17 27]]
 [[ 6 16 26]
  [ 7 17 27]
  [ 8 18 28]]]

[[[ 4 14 24]
  [ 5 15 25]]
 [[ 5 15 25]
  [ 6 16 26]]
 [[ 6 16 26]
  [ 7 17 27]]
 [[ 7 17 27]
  [ 8 18 28]]
 [[ 8 18 28]
  [ 9 19 29]]]
```

```
 [[  9 19 29]
  [10 20 30]]]

(6, 3, 3)
(6, 2, 3)
```

우리가 원하는 x는 3행만큼 잘렸고, y는 그 다음 2행만큼씩 잘려서 x와 y 데이터를 잘 분리했습니다. 이렇게 잘린 데이터로 우리는 RNN 모델에 적용을 할 것입니다. 하지만 각 데이터별로 일부 튜닝을 해야 하고, reshape를 해야 할 수도 있습니다.

6. split_xy 함수 정리

지금까지 이번 장에서 데이터를 자르는 데 사용했던 split_xy 함수를 정리해보겠습니다. 총 5가지의 형태로 기억하면 됩니다.

1) split_xy1 (다:1)

원데이터:

```
dataset = np.array([1,2,3,4,5,6,7,8,9,10])
```

함수 적용 후:

```
x, y = split_xy1(dataset, 4)
```

x				y
1	2	3	4	5
2	3	4	5	6
3	4	5	6	7

4	5	6	7	8
5	6	7	8	9
6	7	8	9	10

2) split_xy2 (다:다)

원데이터:

```
dataset = np.array([1,2,3,4,5,6,7,8,9,10])
```

함수 적용 후:

```
x, y = split_xy2(dataset, 4, 2)
```

x				y	
1	2	3	4	5	6
2	3	4	5	6	7
3	4	5	6	7	8
4	5	6	7	8	9
5	6	7	8	9	10

3) split_xy3(다입력 다:1)

원데이터:

```
dataset = np.array([[1,2,3,4,5,6,7,8,9,10],
                    [11,12,13,14,15,16,17,18,19,20],
                    [21,22,23,24,25,26,27,28,29,30]])
dataset = np.transpose(dataset)
```

함수 적용 후:

```
x, y = split_xy3(dataset, 3, 1)
```

x		y
1	11	21
2	12	22
3	13	23
4	14	24
5	15	25
6	16	26
7	17	27
8	18	28
9	19	29
10	20	30

4) split_xy3 (다입력 다:다)

원데이터:

```
dataset = np.array([[1,2,3,4,5,6,7,8,9,10],
                    [11,12,13,14,15,16,17,18,19,20],
                    [21,22,23,24,25,26,27,28,29,30]])
dataset = np.transpose(dataset)
```

함수 적용 후:

```
x, y = split_xy3(dataset, 3, 2)
```

x		y
1	11	21
2	12	22
3	13	23
4	14	24
5	15	25
6	16	26
7	17	27
8	18	28
9	19	29
10	20	30

5) split_xy5 (다입력, 다:다 두 번째)

원데이터:

```
dataset = np.array([[1,2,3,4,5,6,7,8,9,10],
                    [11,12,13,14,15,16,17,18,19,20],
                    [21,22,23,24,25,26,27,28,29,30]])
dataset = np.transpose(dataset)
```

함수 적용 후:

```
x, y = split_xy5(dataset, 3, 1)
```

1	11	21	
2	12	22	x
3	13	23	
4	14	24	y

5	15	25
6	16	26
7	17	27
8	18	28
9	19	29
10	20	30

6) split_xy5(다입력, 다:다 세 번째)

원데이터:

```
dataset = np.array([[1,2,3,4,5,6,7,8,9,10],
                    [11,12,13,14,15,16,17,18,19,20],
                    [21,22,23,24,25,26,27,28,29,30]])
dataset = np.transpose(dataset)
```

함수 적용 후:

```
x, y = split_xy5(dataset, 3, 2)
```

1	11	21	
2	12	22	x
3	13	23	
4	14	24	
5	15	25	y
6	16	26	
7	17	27	
8	18	28	

9	19	29
10	20	30

이제 연속된 데이터(시계열 데이터 등)을 자를 수 있는 준비가 되었으니 RNN 데이터를 가지고 여러 모델을 구성해보겠습니다.

RNN 모델 정리

RNN 모델 정리

지금까지 우리는 연속된 데이터셋을 우리가 만든 모델에 적용하기 쉬운 데이터셋 형태로 자르는 연습을 했고, split_xy라는 함수를 여러 형태로 만들었습니다. 이번 장에서는 앞 장에서 RNN 모델에 split_xy로 자른 데이터셋을 적용하여 모델의 인풋과 아웃풋의 shape별로 정리해보도록 하겠습니다.

1. MLP DNN 모델(다:1)

split_xy1에서 사용했던 1부터 10까지의 데이터를 준비합니다.

```
#1. 데이터
import numpy as np
dataset = np.array([1,2,3,4,5,6,7,8,9,10])
```

함수는 split_xy1 함수를 사용하여 4개씩 잘라서 x를 만들고, 그 다음 수 1개의 숫자를 y로 만들겠습니다.

```
def split_xy1(dataset, time_steps):
    x, y = list(), list()
    for i in range(len(dataset)):
```

```
        end_number = i + time_steps
        if end_number > len(dataset) -1:
            break
        tmp_x, tmp_y = dataset[i:end_number], dataset[end_number]
        x.append(tmp_x)
        y.append(tmp_y)
    return np.array(x), np.array(y)

x, y = split_xy1(dataset, 4)
print(x, "\n", y)
print(x.shape)
print(y.shape)
```

현재 x와 y의 shape를 확인해보겠습니다. 실행 결과입니다.

```
[[1 2 3 4]
 [2 3 4 5]
 [3 4 5 6]
 [4 5 6 7]
 [5 6 7 8]
 [6 7 8 9]]
 [ 5  6  7  8  9 10]
(6, 4)
(6,)
```

연속된 데이터 1, 2, 3, 4 로 5를 예측하는 형식이므로 RNN으로 구성하기에 좋은 데이터 형태입니다. 그런데 생각을 조금 더 전환해보면 이 데이터의 shape (6, 4)는 DNN에서도 충분히 적용할 수 있는 데이터 형식입니다. 우리는 RNN 이전에 간단한 Dense 모델을 이용하여 공부했습니다. 그때 입력되는 shape는 (?, 컬럼)이었고 input_shape=(컬럼,)이거나 input_dim=컬럼을 사용했습니다. 여기서 우리가 알 수 있는 것은 shape만 맞다면 우리는 어떤 모델(Dense 모델 또는 RNN 모델)이든지 바꿔가며 사용할 수 있다는 것입니다. 따라서 RNN 모델을 만들기 전에 DNN 모델을 먼저 만들고 시작해보겠습니다. 모델을 구성하기 위해 import합니다.

```
#2. 모델 구성
from keras.models import Sequential
from keras.layers import Dense
```

Sequential 모델로 구성을 하고, 현재 우리가 나눈 데이터를 우선 Dense 모델로 확인해보겠습니다.

```
model = Sequential()
model.add(Dense(64, input_shape=(4, )))
# model.add(Dense(64, input_dim=4))
model.add(Dense(1))
```

input_shape=4와 input_dim=4는 같은 방식입니다. 잊지 말고 기억해두세요. 이제 모델을 훈련시키도록 하겠습니다.

```
#3. 훈련
model.compile(optimizer='adam', loss='mse')
model.fit(x, y, epochs=1000)
```

평가 예측을 하겠습니다. evaluate의 경우 우리가 데이터를 train과 test로 나누지 않은 상황이므로 x와 y를 넣어서 훈련도만 평가하고, 대신 새로운 값(앞으로 x_pred로 하겠습니다)으로 predict하겠습니다.

```
#4. 평가, 예측
mse = model.evaluate(x, y )
print("mse : ", mse)

x_pred = np.array([7, 8, 9, 10])
x_pred = x_pred.reshape(1, x_pred.shape[0])
print(x_test.shape)
```

```
mse :   0.0033140245359390974
(1, 4)
```

훈련 데이터의 mse는 0.003으로 괜찮은 편입니다. x_pred는 모델에 적용할 수 있도
록 (1, 4)로 shape를 맞췄습니다. 새로운 데이터 x_pred [7, 8, 9, 10]으로 예측해보도
록 하겠습니다.

```
y_pred = model.predict(x_pred)
print(y_pred)
```

```
[[11.002002]]
```

11.002라는 아주 괜찮은 값이 나왔습니다. 전체 소스입니다.

```
#1. 데이터
import numpy as np
dataset = np.array([1,2,3,4,5,6,7,8,9,10])

def split_xy1(dataset, time_steps):
    x, y = list(), list()
    for i in range(len(dataset)):
        end_number = i + time_steps
        if end_number > len(dataset) -1:
            break
        tmp_x, tmp_y = dataset[i:end_number], dataset[end_number]
        x.append(tmp_x)
        y.append(tmp_y)
    return np.array(x), np.array(y)

x, y = split_xy1(dataset, 4)
print(x, "\n", y)
print(x.shape)
print(y.shape)
```

```
from keras.models import Sequential
from keras.layers import Dense

#2. 모델 구성
model = Sequential()
model.add(Dense(64, input_shape=(4, )))
# model.add(Dense(64, input_dim=4))
model.add(Dense(1))

#3. 훈련
model.compile(optimizer='adam', loss='mse')
model.fit(x, y, epochs=1000)

#4. 평가, 예측
mse = model.evaluate(x, y )
print("mse : ", mse)

x_pred = np.array([7, 8, 9, 10])
x_pred = x_pred.reshape(1, x_pred.shape[0])

print(x_pred.shape)

y_pred = model.predict(x_pred)
print(y_pred)
```

이 예제를 통해 우리는 RNN을 DNN으로 변환이 가능하다는 것을 배웠습니다. 다음에는, 이 DNN 예제를 이용하여 RNN 모델을 만들어보겠습니다.

2. MLP RNN 모델(다:1)

이번 장에서는 이전 장의 DNN 모델을 이용해서 RNN 모델을 구현해보겠습니다. RNN으로 변경하기 위해서는 input_shape 부분을 바꾸는 것이 가장 중요합니다. 우선 데이터부터 가져오겠습니다.

```
#1. 데이터
import numpy as np
dataset = np.array([1,2,3,4,5,6,7,8,9,10])

def split_xy1(dataset, time_steps):
    x, y = list(), list()
    for i in range(len(dataset)):
        end_number = i + time_steps
        if end_number > len(dataset) -1:
            break
        tmp_x, tmp_y = dataset[i:end_number], dataset[end_number]
        x.append(tmp_x)
        y.append(tmp_y)
    return np.array(x), np.array(y)

x, y = split_xy1(dataset, 4)
print(x, "\n", y)
print(x.shape)
print(y.shape)
```

현재 x와 y의 shape는 다음과 같습니다.

```
(6, 4)
(6,)
```

현재 데이터 구조는 다음과 같습니다.

x				y
1	2	3	4	5
2	3	4	5	6
3	4	5	6	7
4	5	6	7	8
5	6	7	8	9
6	7	8	9	10

y는 괜찮지만, x를 RNN에 맞는 데이터로 변경하려면 2차원에서 3차원으로 바꿔야 합니다. 다시 기억을 상기시켜봅시다. RNN의 shape는,

(samples, time_step, feature)

(행, 열, 특성)

(행, 열, 몇 개씩 자르는지)

(전체 데이터 수, 컬럼, 특성)

(전체 데이터 수, 컬럼, 몇 개씩 자르는지)

...

이 가운데 여러분이 편한 방식으로 기억하고 있으면 됩니다. 특히 RNN은 3차원이라는 점과 input_shape=(?, ?)는 2차원으로 들어간다는 것을 잊지 말고 기억해야 합니다. input_shape가 왜 2차원인지에 대해서는 앞에서 RNN을 다루면서 설명했고, '행무시'라는 용어를 기억하고 있으면 됩니다. 우리는 (6, 4)의 2차원 데이터를 3차원으로 바꾸겠습니다.

```
x = x.reshape(x.shape[0], x.shape[1], 1)
print(x.shape)
```

```
(6, 4, 1)
```

x의 shape를 (6, 4)에서 (6, 4, 1)로 변환하였습니다. 이제 6행 4열의 데이터를 1개씩 잘라서 작업할 수 있는 구조로 만들었습니다. RNN의 대표 모델인 LSTM으로 구성하겠습니다.

```
from keras.models import Sequential
from keras.layers import Dense, LSTM

#2. 모델 구성
model = Sequential()
```

```
model.add(LSTM(64, input_shape=(4, 1)))
model.add(Dense(1))
```

LSTM을 import하고 input_shape를 (4, 1)로 변경했습니다. 4개의 컬럼을 1개씩 잘라서 쓰는 LSTM을 구성하겠다는 의미입니다. 나머지 훈련 및 평가, 예측은 동일합니다.

```
#3. 훈련
model.compile(optimizer='adam', loss='mse')
model.fit(x, y, epochs=1000)

#4. 평가, 예측
mse = model.evaluate(x, y )
print("mse : ", mse)

x_pred = np.array([7, 8, 9, 10])
x_pred = x_pred.reshape(1, x_pred.shape[0])

print(x_pred.shape)

y_pred = model.predict(x_pred)
print(y_pred)
```

실행해보겠습니다.

```
ValueError: Error when checking input:
        expected lstm_1_input to have 3 dimensions,
        but got array with shape (1, 4)
```

ValueError가 발생합니다. 내용을 읽어보니 shape가 잘못됐다는 뜻입니다. x_pred의 shape를 변경하는 것을 잊었군요. x_pred는 현재 (1, 4)입니다. 하지만 이 모델에서 제대로 돌아가려면 (1, 4, 1)이 되어야 합니다. x_pred의 reshape 부분을 다음과 같이 수정하겠습니다.

```
x_pred = x_pred.reshape(1, x_pred.shape[0], 1)

print(x_pred.shape)
```

```
(1, 4, 1)
```

실행해보니 원하는 대로 (1, 4, 1)로 정상적으로 출력이 됩니다. 자, 이제 다시 실행해 보겠습니다.

```
mse :   0.010242580436170101
[[10.235566]]
```

연속된 데이터에서 가장 좋다던 LSTM에서 예측값이 오히려 DNN보다 못 미치고 있습니다. mse가 0.01 정도이고, 11이 나와야 되는 예측값은 10.23입니다. 전체 소스입니다.

```
#1. 데이터
import numpy as np
dataset = np.array([1,2,3,4,5,6,7,8,9,10])

def split_xy1(dataset, time_steps):
    x, y = list(), list()
    for i in range(len(dataset)):
        end_number = i + time_steps
        if end_number > len(dataset) -1:
            break
        tmp_x, tmp_y = dataset[i:end_number], dataset[end_number]
        x.append(tmp_x)
        y.append(tmp_y)
    return np.array(x), np.array(y)

x, y = split_xy1(dataset, 4)
```

```
print(x, "\n", y)
print(x.shape)
print(y.shape)
x = x.reshape(x.shape[0], x.shape[1], 1)
print(x.shape)

from keras.models import Sequential
from keras.layers import Dense, LSTM

#2. 모델 구성
model = Sequential()
model.add(LSTM(64, input_shape=(4, 1)))
model.add(Dense(1))

#3. 훈련
model.compile(optimizer='adam', loss='mse')
model.fit(x, y, epochs=1000)

#4. 평가, 예측
mse = model.evaluate(x, y )
print("mse : ", mse)

x_pred = np.array([7, 8, 9, 10])
x_pred = x_pred.reshape(1, x_pred.shape[0], 1)

print(x_pred.shape)

y_pred = model.predict(x_pred)
print(y_pred)
```

우선 이 데이터들은 연속된 데이터로 모델을 교육시키기 위해 1부터 30까지의 숫자
만을 사용했습니다. 그리고 하이퍼파라미터 튜닝 역시 아직은 약합니다. 교육용 데
이터셋이라 이런 결과가 나왔지만, 튜닝으로 훨씬 더 좋은 예측값으로 바꿀 수 있습
니다. 모델을 설명하고 있는 부분이니 독자 여러분들이 하이퍼파라미터 튜닝을 해서
예측값을 훨씬 좋게 바꿔보시기 바랍니다.

3. MLP RNN 모델(다:다)

이번에는 RNN의 다:다 모델을 만들어보겠습니다. 데이터는 이전과 동일합니다.

```
#1. 데이터
import numpy as np
dataset = np.array([1,2,3,4,5,6,7,8,9,10])
```

하지만 자를 때 x는 4개씩 y는 2개씩 잘라서 사용하겠습니다. 함수는 split_xy2를 사용하며, 데이터 입력을 (?, 4, 1)로 하고 출력을 (2,)로 하겠습니다.

```
def split_xy2(dataset, time_steps, y_column):
    x, y = list(), list()
    for i in range(len(dataset)):
        x_end_number = i + time_steps
        y_end_number = x_end_number + y_column
        if y_end_number > len(dataset):
            break
        tmp_x = dataset[i : x_end_number]
        tmp_y = dataset[x_end_number : y_end_number]
        x.append(tmp_x)
        y.append(tmp_y)
    return np.array(x), np.array(y)

x, y = split_xy2(dataset, 4, 2)
print(x, "\n", y)
print(x.shape)
print(y.shape)
x = x.reshape(x.shape[0], x.shape[1], 1)
print(x.shape)
```

split_xy2 함수를 사용하여 x는 4개씩, y는 2개씩 잘 잘렸습니다. 현재 데이터 구조입니다.

x				y	
1	2	3	4	5	6
2	3	4	5	6	7
3	4	5	6	7	8
4	5	6	7	8	9
5	6	7	8	9	10

x의 shape는 (5, 4), y의 shape는 (5, 2) 입니다. 우리는 x값을 LSTM의 shape에 맞추기 위해 reshape를 하고 실행해보겠습니다.

```
x = x.reshape(x.shape[0], x.shape[1], 1)
print(x.shape)
```

```
(5, 4, 1)
```

x값도 정상적으로 잘 잘렸습니다. 5는 행이므로 '행 무시'를 해도 되고 4는 가장 중요한 컬럼, 1은 '몇 개씩 자르는 지'입니다. 사실 차원으로 읽으면 (면, 행, 열)로 읽어야 하지만, keras api상으로 마지막 것은 열이 아니라 feature입니다. 그러다 보니 필자가 권하는 방식으로 기억해야 앞으로 모델 구성을 할 때 훨씬 쉽게 이해하고 실행할 수 있을 겁니다. 이 책이 전공자나 학문을 위한 용도보다는 실제 코딩을 하고 모델을 만들 수 있는 실용적인 용도로 쓰이길 바라기에 이런 방식을 권합니다. 이제, RNN 모델을 만들 수 있는 shape를 구성했으니 이제 나머지 코딩을 하겠습니다. 모델을 구성합니다.

```
from keras.models import Sequential
from keras.layers import Dense, LSTM

#2. 모델 구성
model = Sequential()
```

```
model.add(LSTM(64, input_shape=(4, 1)))
model.add(Dense(2))
```

y의 값이 2개이니 마지막 아웃풋 레이어는 Dense(2)가 됩니다. 훈련과 평가 예측은 동일합니다. 이번부터 batch_size=1로 하고 epochs=300으로 하겠습니다. fit, evaluate, predict 모두 적용입니다.

```
#3. 훈련
model.compile(optimizer='adam', loss='mse')
model.fit(x, y, epochs=1000)

#4. 평가, 예측
mse = model.evaluate(x, y )
print("mse : ", mse)

x_pred = np.array([6, 7, 8, 9])
x_pred = x_pred.reshape(1, x_pred.shape[0], 1)
# print(x_pred.shape)

y_pred = model.predict(x_pred)
print(y_pred)
```

평가에는 동일하게 x, y를 사용했습니다. 예측을 위해 이전 다:1 모델과 동일하게 x_pred를 reshape해주었습니다. 실행 결과입니다.

```
mse :   0.00459990779418149
[[ 9.280912 10.157427]]
```

---

mse는 0.004로 괜찮게 나왔지만, 10과 11을 예상한 데이터는 9.28, 10.15가 나왔습니다. 튜닝을 통해 예측값을 좀 더 정확히 맞추기 바랍니다. 전체 소스입니다.

```
#1. 데이터
import numpy as np
```

```
dataset = np.array([1,2,3,4,5,6,7,8,9,10])

def split_xy2(dataset, time_steps, y_column):
    x, y = list(), list()
    for i in range(len(dataset)):
        x_end_number = i + time_steps
        y_end_number = x_end_number + y_column
        if y_end_number > len(dataset):
            break
        tmp_x = dataset[i : x_end_number]
        tmp_y = dataset[x_end_number : y_end_number]
        x.append(tmp_x)
        y.append(tmp_y)
    return np.array(x), np.array(y)

x, y = split_xy2(dataset, 4, 2)
print(x, "\n", y)
print(x.shape)
print(y.shape)
x = x.reshape(x.shape[0], x.shape[1], 1)
print(x.shape)

from keras.models import Sequential
from keras.layers import Dense, LSTM

#2. 모델 구성
model = Sequential()
model.add(LSTM(64, input_shape=(4, 1)))
model.add(Dense(2))

#3. 훈련
model.compile(optimizer='adam', loss='mse')
model.fit(x, y, epochs=300, batch_size=1)

#4. 평가, 예측
mse = model.evaluate(x, y, batch_size=1 )
print("mse : ", mse)

x_pred = np.array([6, 7, 8, 9])
```

```
x_pred = x_pred.reshape(1, x_pred.shape[0], 1)
# print(x_pred.shape)

y_pred = model.predict(x_pred, batch_size=1)
print(y_pred)
```

4. MLP RNN 모델(다입력 다:1)

이번에는 여러 개의 컬럼이 있는 데이터를 잘라서 우리가 원하는 RNN 모델에 입력하는 학습을 하겠습니다. 우선 데이터를 준비합니다.

```
import numpy as np
dataset = np.array([[1,2,3,4,5,6,7,8,9,10],
                    [11,12,13,14,15,16,17,18,19,20],
                    [21,22,23,24,25,26,27,28,29,30]])
print("dataset.shape : ", dataset.shape)
```

현재 데이터의 구조는 3행 10열입니다. 모델에서 훈련할 수 있도록 10행 3열의 데이터로 변경하겠습니다.

```
dataset = np.transpose(dataset)
print(dataset)
print("dataset.shape : ", dataset.shape)
```

여기까지 실행 결과입니다.

```
dataset.shape :  (10, 3)
```

10행 3열의 데이터입니다. RNN에서 사용할 수 있도록 데이터를 잘라보겠습니다.

이번에는 x는 3개씩, y는 1개씩 자르겠습니다.

```python
def split_xy3(dataset, time_steps, y_column):
    x, y = list(), list()
    for i in range(len(dataset)):
        x_end_number = i + time_steps
        y_end_number = x_end_number + y_column -1
        if y_end_number > len(dataset):
            break
        tmp_x = dataset[i:x_end_number, :-1]
        tmp_y = dataset[x_end_number-1:y_end_number, -1]
        x.append(tmp_x)
        y.append(tmp_y)
    return np.array(x), np.array(y)
x, y = split_xy3(dataset, 3, 1)

print(x, "\n", y)
print(x.shape)
print(y.shape)
```

우리가 원하는 결과는 다음과 같습니다.

x		y
1	11	21
2	12	22
3	13	23
4	14	24
5	15	25
6	16	26
7	17	27
8	18	28
9	19	29
10	20	30

실행결과 x는 $(8, 3, 2)$, y는 $(8, 1)$의 shape가 되었습니다. 모델의 아웃풋에 사용할 수 있도록 y값을 벡터 형태로 변경합니다.

```
y = y.reshape(y.shape[0])
print(y.shape)
```

실행 결과입니다.

```
(8,)
```

출력값은 8개짜리 벡터의 1차원 모습입니다. 모델을 구성합니다.

```
#2. 모델 구성
from keras.models import Sequential
from keras.layers import Dense, LSTM

model = Sequential()
model.add(LSTM(64, input_shape=(3, 2)))
model.add(Dense(1))
```

x의 shape가 $(8, 3, 2)$ 이므로 '행 무시'하고 $(None, 3, 2)$로 input_shape=(3, 2)가 됩니다. 최종 아웃풋은 8개짜리의 1차원 벡터이므로 Dense(1)이 됩니다. 이렇게 하면 모델링은 되지만 약간의 문제가 있습니다(그 문제에 대해서는 이 모델의 마지막 부분에서 설명하겠습니다). 훈련 및 평가, 예측입니다.

```
#3. 훈련
model.compile(optimizer='adam', loss='mse')
model.fit(x, y, epochs=300, batch_size=1)

#4. 평가, 예측
mse = model.evaluate(x, y, batch_size=1 )
print("mse : ", mse)
```

여기까지는 동일하나 x_pred의 shape도 x와 동일해야 합니다. x_pred 데이터로 [[9, 10, 11], [19, 20, 21]]을 사용하겠습니다. predict할 수 있도록 shape를 맞춰줍니다.

```
x_pred = np.array([[9, 10, 11], [19, 20, 21]])
x_pred = np.transpose(x_pred)
x_pred = x_pred.reshape(1, x_pred.shape[0], x_pred.shape[1])
print(x_pred.shape)
```

실행 결과는 (1, 3, 2)로 1(행)을 뺀 input_shape=(3, 2)가 되므로 이 모델에 적용하기 적합합니다.

```
(1, 3, 2)
```

최종 실행해보겠습니다.

```
y_pred = model.predict(x_pred, batch_size=1)
print(y_pred)
```

실행 결과입니다.

```
mse :   0.01952880604949314
[[29.873907]]
```

우리의 현실적인 생각으로 계산해 본다면 이번에 예측된 값은 31이어야 하는데 많은 오차가 있습니다. 마찬가지로 파라미터 튜닝으로 잡는 것도 가능하기는 하지만, 그보다 위에서 언급했던 것처럼 이 모델 자체에 약간의 문제가 있습니다.

이 모델은 RNN 모델입니다. 연속적인 데이터를 계산하는 모델입니다. 그런데 우리의 입력은 (8, 3, 2)였습니다. 얼핏 보기에는 연속적인 데이터라고 볼 수 있으나 엄밀히 보면 연속적인 데이터가 아니었습니다. 데이터가 몇 개 안되니 전체 데이터를 표현해보겠습니다.

x						y
1	11	2	12	3	13	23
2	12	3	13	4	14	24
3	13	4	14	5	15	25
4	14	5	15	6	16	26
5	15	6	16	7	17	27
6	16	7	17	8	18	28
7	17	8	18	9	19	29
8	18	9	19	10	20	30

이런 데이터의 구조입니다. 1행을 연산할 때 우리가 이 모델을 처음에 만들었던 방식으로는 1, 2, 3이 연산한 것과 11, 12, 13이 연산한 것을 계산해서 23이 나오는 형태였습니다. 하지만 자르고 나서 위 표를 보면 1, 11, 2, 12, 3, 13이 연산되어야 23이 나옵니다. 순서가 섞인 것입니다. 모델이 돌아가니 이상이 없다고 판단하는 분들도 계실 겁니다. 하지만 모델이 아예 실행이 안되면 버그를 찾을 수 있지만, 이런 수치의 오류가 발생하면 찾기가 힘들어집니다. 모델이 돌아간다고 안심하지 말고, 적은 데이터든 큰 데이터든 간에 실제 데이터가 어떻게 들어가 있는지 확인하는 작업이 필요합니다. 이 모델은 약간 틀렸으나 돌아가기는 갑니다. 독자 여러분들도 이런 모델이 나올 수도 있다는 것을 유념하시고 모델링을 하기 바랍니다. 전체 소스입니다.

```
#1. 데이터
import numpy as np
dataset = np.array([[1,2,3,4,5,6,7,8,9,10],
                    [11,12,13,14,15,16,17,18,19,20],
                    [21,22,23,24,25,26,27,28,29,30]])
print("dataset.shape : ", dataset.shape)
```

```python
dataset = np.transpose(dataset)
print(dataset)
print("dataset.shape : ", dataset.shape)

def split_xy3(dataset, time_steps, y_column):
    x, y = list(), list()
    for i in range(len(dataset)):
        x_end_number = i + time_steps
        y_end_number = x_end_number + y_column -1
        if y_end_number > len(dataset):
            break
        tmp_x = dataset[i:x_end_number, :-1]
        tmp_y = dataset[x_end_number-1:y_end_number, -1]
        x.append(tmp_x)
        y.append(tmp_y)
    return np.array(x), np.array(y)
x, y = split_xy3(dataset, 3, 1)

print(x, "\n", y)
print(x.shape)
print(y.shape)

y = y.reshape(y.shape[0])
print(y.shape)

#2. 모델 구성
from keras.models import Sequential
from keras.layers import Dense, LSTM

model = Sequential()
model.add(LSTM(64, input_shape=(3, 2)))
model.add(Dense(1))

#3. 훈련
model.compile(optimizer='adam', loss='mse')
model.fit(x, y, epochs=300, batch_size=1)

#4. 평가, 예측
```

```
mse = model.evaluate(x, y, batch_size=1 )
print("mse : ", mse)

x_pred = np.array([[9, 10, 11], [19, 20, 21]])
x_pred = np.transpose(x_pred)
x_pred = x_pred.reshape(1, x_pred.shape[0], x_pred.shape[1])
# print(x_pred.shape)

y_pred = model.predict(x_pred, batch_size=1)
print(y_pred)
```

5. MLP DNN 모델(다입력 다:1)

그렇다면 위 모델은 DNN 모델로 변경해서 확인해보겠습니다. 데이터를 준비합니다.

```
#1. 데이터
import numpy as np
dataset = np.array([[1,2,3,4,5,6,7,8,9,10],
                    [11,12,13,14,15,16,17,18,19,20],
                    [21,22,23,24,25,26,27,28,29,30]])
print("dataset.shape : ", dataset.shape)

dataset = np.transpose(dataset)
print(dataset)
print("dataset.shape : ", dataset.shape)
```

10행 3열의 데이터입니다. x와 y로 분리하겠습니다.

```
def split_xy3(dataset, time_steps, y_column):
    x, y = list(), list()
    for i in range(len(dataset)):
        x_end_number = i + time_steps
        y_end_number = x_end_number + y_column -1          # 수정
```

```
            if y_end_number > len(dataset):                    # 수정
                break
        tmp_x = dataset[i:x_end_number, :-1]
        tmp_y = dataset[x_end_number-1:y_end_number, -1]        # 수정
        x.append(tmp_x)
        y.append(tmp_y)
    return np.array(x), np.array(y)
x, y = split_xy3(dataset, 3, 1)

print(x, "\n", y)
print(x.shape)
print(y.shape)


y = y.reshape(y.shape[0])
print(y.shape)
```

x의 shape는 (8, 3, 2), y의 shape는 (8,)로 분리했습니다. 이제 DNN 모델에 입력을 하려고 하는데, 문제가 있습니다. DNN 모델은 2차원까지의 shape를 입력으로 받습니다. (None, 컬럼) 형식으로 input_shape=(?,)로 받아들입니다. 그래서 (8, 3, 2)로 구성된 shape를 (?, ?)으로 변경해주어야 합니다.

어떻게 해야 할까요? reshape를 생각할 수 있습니다. reshape로 할 경우 (8, 3, 2)를 어떻게 (?, ?)로 변경하는지 생각해봅시다. 우선 '행 무시'이므로 첫 번째 행에 8을 그대로 입력합니다. 그러면 (8, ?)가 됩니다. 이제 3, 2를 ?에 어떻게 대입할까요? (8, (3, 2))일까요? 비슷하지만 아닙니다. 우리가 데이터를 reshape를 할 때 항상 주의해야 할 점은 전체 shape를 곱한 값은 reshape한 뒤의 값과 동일해야 한다는 것입니다. (8, 3, 2)의 전체의 곱은 48이고, 3차원입니다. 이것을 2차원으로 줄인다면 8 * ? = 48 이 되어야 합니다. ?는 무엇일까요? 6이 됩니다.

그런데 6은 어떤 값일까요? (8, 3, 2)에서 3과 2를 곱한 값입니다. 결국 reshape를 할 때 전체 데이터의 shape의 곱은 동일해야 합니다. (8, 3, 2) = (8, 3*2) = (8, 6)이 되는 것입니다. 코딩으로 확인해보겠습니다. 먼저, x를 reshape하겠습니다.

```
x = x.reshape(x.shape[0], x.shape[1] * x.shape[2])
print(x.shape)
```

실행 결과입니다.

```
(8, 6)
```

이제 DNN에 입력할 수 있는 shape가 나왔습니다. RNN으로 입력할 (8, 3, 2) 데이터를 DNN에서 입력 가능한 (8, 6) 모양으로 변경하였습니다. 모델을 구성합니다.

```
#2. 모델 구성
from keras.models import Sequential
from keras.layers import Dense, LSTM

model = Sequential()
# model.add(LSTM(64, input_shape=(3, 2)))
model.add(Dense(64, input_shape=(6, )))
model.add(Dense(1))
```

LSTM의 input_shape=(3, 2)가 Dense에서 input_shape=(6,)로 바뀐 것을 주의하세요. 훈련과 평가 예측은 동일합니다. x_pred만이 조금 변경됩니다.

```
#3. 훈련
model.compile(optimizer='adam', loss='mse')
model.fit(x, y, epochs=300, batch_size=1)

#4. 평가, 예측
mse = model.evaluate(x, y, batch_size=1 )
print("mse : ", mse)

x_pred = np.array([[9, 10, 11], [19, 20, 21]])
print(x_pred.shape)
```

실행 결과입니다.

```
(2, 3)
```

현재 x_pred의 shape는 (2, 3)입니다. 이것을 우리의 DNN 모델에 입력할 수 있도록 (1, 6)의 형태로 변경하도록 하겠습니다. x_pred.shape[0]은 3이고, x_pred.shape[1]은 2이므로 이 둘을 곱하면 6이 됩니다.

```
x_pred = x_pred.reshape(1, x_pred.shape[0] * x_pred.shape[1])
print(x_pred.shape)
```

실행 결과 (1, 6)으로 shape가 잘 변경되었습니다.

```
(1, 6)
```

이제 model.predict에 x_pred를 넣고 실행해보겠습니다.

```
y_pred = model.predict(x_pred, batch_size=1)
print(y_pred)
```

실행 결과입니다.

```
mse :   5.4569682106375694e-12
[[21.949541]]
```

---

mse는 좋은 수치가 나왔으나, x_pred는 형편없는 수치가 나왔습니다. 모델을 여러 가지 방법으로 하이퍼파라미터 튜닝을 해서 더 좋은 모델로 변경해보기를 권합니다. 전체 소스입니다.

```
#1. 데이터
import numpy as np
dataset = np.array([[1,2,3,4,5,6,7,8,9,10],
                    [11,12,13,14,15,16,17,18,19,20],
                    [21,22,23,24,25,26,27,28,29,30]])
print("dataset.shape : ", dataset.shape)

dataset = np.transpose(dataset)
print(dataset)
print("dataset.shape : ", dataset.shape)

def split_xy3(dataset, time_steps, y_column):
    x, y = list(), list()
    for i in range(len(dataset)):
        x_end_number = i + time_steps
        y_end_number = x_end_number + y_column -1          # 수정
        if y_end_number > len(dataset):                    # 수정
            break
        tmp_x = dataset[i:x_end_number, :-1]
        tmp_y = dataset[x_end_number-1:y_end_number, -1]   # 수정
        x.append(tmp_x)
        y.append(tmp_y)
    return np.array(x), np.array(y)
x, y = split_xy3(dataset, 3, 1)

print(x, "\n", y)
print(x.shape)
print(y.shape)

y = y.reshape(y.shape[0])
print(y.shape)

x = x.reshape(x.shape[0], x.shape[1] * x.shape[2])
print(x.shape)

#2. 모델 구성
from keras.models import Sequential
from keras.layers import Dense, LSTM
```

```
model = Sequential()
# model.add(LSTM(64, input_shape=(3, 2)))
model.add(Dense(64, input_shape=(6, )))
model.add(Dense(1))

#3. 훈련
model.compile(optimizer='adam', loss='mse')
model.fit(x, y, epochs=300, batch_size=1)

#4. 평가, 예측
mse = model.evaluate(x, y, batch_size=1 )
print("mse : ", mse)

x_pred = np.array([[9, 10, 11], [19, 20, 21]])
print(x_pred.shape)
x_pred = x_pred.reshape(1, x_pred.shape[0] * x_pred.shape[1])
print(x_pred.shape)

y_pred = model.predict(x_pred, batch_size=1)
print(y_pred)
```

6. MLP DNN 모델(다입력 다:다)

이번에는 2개의 컬럼에 각 3개씩 데이터를 입력받아서, 2개의 값으로 출력되는 모델을 만들어 보겠습니다. 데이터를 준비합니다.

```
import numpy as np
dataset = np.array([[1,2,3,4,5,6,7,8,9,10],
                    [11,12,13,14,15,16,17,18,19,20],
                    [21,22,23,24,25,26,27,28,29,30]])
print("dataset.shape : ", dataset.shape)

dataset = np.transpose(dataset)
print(dataset)
print("dataset.shape : ", dataset.shape)
```

마찬가지로 $(10, 3)$의 데이터를 준비하겠습니다. 이번 모델의 출력 형태입니다.

x		y
1	11	21
2	12	22
3	13	23
4	14	24
5	15	25
6	16	26
7	17	27
8	18	28
9	19	29
10	20	30

split_xy3 함수를 이용해서 데이터셋을 3, 2로 자르겠습니다.

```python
def split_xy3(dataset, time_steps, y_column):
    x, y = list(), list()
    for i in range(len(dataset)):
        x_end_number = i + time_steps
        y_end_number = x_end_number + y_column -1
        if y_end_number > len(dataset):
            break
        tmp_x = dataset[i:x_end_number, :-1]
        tmp_y = dataset[x_end_number-1:y_end_number, -1]
        x.append(tmp_x)
        y.append(tmp_y)
    return np.array(x), np.array(y)
x, y = split_xy3(dataset, 3, 2)

print(x.shape)
print(y.shape)
```

실행 결과입니다.

```
(7, 3, 2)
(7, 2)
```

x의 shape는 (7, 3, 2) y의 shape는 (7, 2)으로 RNN에 넣기 적합하게 잘 잘렸습니다.
모델을 구성하겠습니다.

```
#2. 모델 구성
from keras.models import Sequential
from keras.layers import Dense, LSTM

model = Sequential()
model.add(LSTM(64, input_shape=(3, 2)))
model.add(Dense(2))
```

x의 shape는 (7, 3, 2)이고, y의 shape는 (7, 2)이므로 input_shape는 (3, 2)이고
output은 Dense(2)입니다. 훈련과 평가 예측은 MLP RNN 모델(다입력 다:1)과 동일
합니다. x_pred값의 shape만 주의하면 됩니다.

```
#3. 훈련
model.compile(optimizer='adam', loss='mse')
model.fit(x, y, epochs=300, batch_size=1)

#4. 평가, 예측
mse = model.evaluate(x, y, batch_size=1 )
print("mse : ", mse)

x_pred = np.array([[9, 10, 11], [19, 20, 21]])
x_pred = np.transpose(x_pred)
x_pred = x_pred.reshape(1, x_pred.shape[0], x_pred.shape[1])
# print(x_pred.shape)

y_pred = model.predict(x_pred, batch_size=1)
print(y_pred)
```

실행 결과입니다.

```
mse :   0.024553344200415137
[[28.752102 29.923153]]
```

전체 소스입니다.

```python
#1. 데이터
import numpy as np
dataset = np.array([[1,2,3,4,5,6,7,8,9,10],
                    [11,12,13,14,15,16,17,18,19,20],
                    [21,22,23,24,25,26,27,28,29,30]])
print("dataset.shape : ", dataset.shape)

dataset = np.transpose(dataset)
print(dataset)
print("dataset.shape : ", dataset.shape)

def split_xy3(dataset, time_steps, y_column):
    x, y = list(), list()
    for i in range(len(dataset)):
        x_end_number = i + time_steps
        y_end_number = x_end_number + y_column -1
        if y_end_number > len(dataset):
            break
        tmp_x = dataset[i:x_end_number, :-1]
        tmp_y = dataset[x_end_number-1:y_end_number, -1]
        x.append(tmp_x)
        y.append(tmp_y)
    return np.array(x), np.array(y)
x, y = split_xy3(dataset, 3, 2)

# print(x, "\n", y)
print(x.shape)
print(y.shape)

#2. 모델 구성
```

```
from keras.models import Sequential
from keras.layers import Dense, LSTM

model = Sequential()
model.add(LSTM(64, input_shape=(3, 2)))
model.add(Dense(2))

#3. 훈련
model.compile(optimizer='adam', loss='mse')
model.fit(x, y, epochs=300, batch_size=1)

#4. 평가, 예측
mse = model.evaluate(x, y, batch_size=1 )
print("mse : ", mse)

x_pred = np.array([[9, 10, 11], [19, 20, 21]])
x_pred = np.transpose(x_pred)
x_pred = x_pred.reshape(1, x_pred.shape[0], x_pred.shape[1])
# print(x_pred.shape)

y_pred = model.predict(x_pred, batch_size=1)
print(y_pred)
```

7. MLP DNN 모델(다입력 다:다)

이번에는 앞에서 만들었던 RNN 모델을 DNN으로 리파인해보겠습니다. 앞서 RNN
을 DNN을 변경해 보았듯이, input의 shape만 주의해서 reshape만 잘 하면 어떤 모
델이든 잘 돌아갑니다. 데이터를 준비합니다.

```
#1. 데이터
import numpy as np
dataset = np.array([[1,2,3,4,5,6,7,8,9,10],
                    [11,12,13,14,15,16,17,18,19,20],
                    [21,22,23,24,25,26,27,28,29,30]])
```

```
print("dataset.shape : ", dataset.shape)

dataset = np.transpose(dataset)
print(dataset)
print("dataset.shape : ", dataset.shape)
```

(10, 3)의 데이터입니다. split_xy3 함수를 이용하여 x를 2개 컬럼 3개씩, y를 1개 컬럼 2개씩 다음 형태로 잘라줍니다.

x		y
1	11	21
2	12	22
3	13	23
4	14	24
5	15	25
6	16	26
7	17	27
8	18	28
9	19	29
10	20	30

```
def split_xy3(dataset, time_steps, y_column):
    x, y = list(), list()
    for i in range(len(dataset)):
        x_end_number = i + time_steps
        y_end_number = x_end_number + y_column -1
        if y_end_number > len(dataset):
            break
        tmp_x = dataset[i:x_end_number, :-1]
        tmp_y = dataset[x_end_number-1:y_end_number, -1]
        x.append(tmp_x)
```

```
        y.append(tmp_y)
    return np.array(x), np.array(y)
x, y = split_xy3(dataset, 3, 2)
print(x.shape)
print(y.shape)
```

실행 결과입니다.

```
(7, 3, 2)
(7, 2)
```

y는 모델에 입력할 수 있는 적합한 형태이나, x는 DNN 모델에 입력할 수 있도록 reshape해주어야 합니다. RNN의 입력 shape는 3차원이고, DNN의 입력 shape는 2차원이므로 (7, 3, 2)의 shape를 (7, 3*2) 로 reshape해주면 됩니다.

```
 x = x.reshape(x.shape[0], x.shape[1] * x.shape[2])
 print(x.shape)
```

실행 결과입니다.

```
(7, 6)
```

x값도 이제 DNN에 넣을 수 있는 2차원 shape로 변경했습니다. 모델을 구성하고, 훈련까지 코딩합니다.

```
model = Sequential()
# model.add(LSTM(64, input_shape=(3, 2)))
model.add(Dense(64, input_shape=(6, )))
model.add(Dense(2))

#3. 훈련
```

```
model.compile(optimizer='adam', loss='mse')
model.fit(x, y, epochs=300, batch_size=1)
```

평가 예측입니다. 예측값 역시 DNN 모델에 맞도록 2차원으로 변경해줍니다.

```
#4. 평가, 예측
mse = model.evaluate(x, y, batch_size=1 )
print("mse : ", mse)

x_pred = np.array([[9, 10, 11], [19, 20, 21]])
x_pred = np.transpose(x_pred)
x_pred = x_pred.reshape(1, x_pred.shape[0] * x_pred.shape[1])
print(x_pred.shape)
```

실행 결과입니다.

```
(1, 6)
```

x_pred를 입력하고 실행해보겠습니다.

```
y_pred = model.predict(x_pred, batch_size=1)
print(y_pred)
```

실행 결과입니다.

```
mse :  1.4426716786277082e-07
[[31.00112  32.000137]]
```

mse도 아주 좋은 값이 나왔고, y_pred도 우리가 원하는 값(31, 32)이 나왔습니다.

전체 소스입니다.

```python
#1. 데이터
import numpy as np
dataset = np.array([[1,2,3,4,5,6,7,8,9,10],
                    [11,12,13,14,15,16,17,18,19,20],
                    [21,22,23,24,25,26,27,28,29,30]])
print("dataset.shape : ", dataset.shape)

dataset = np.transpose(dataset)
print(dataset)
print("dataset.shape : ", dataset.shape)

def split_xy3(dataset, time_steps, y_column):
    x, y = list(), list()
    for i in range(len(dataset)):
        x_end_number = i + time_steps
        y_end_number = x_end_number + y_column -1
        if y_end_number > len(dataset):
            break
        tmp_x = dataset[i:x_end_number, :-1]
        tmp_y = dataset[x_end_number-1:y_end_number, -1]
        x.append(tmp_x)
        y.append(tmp_y)
    return np.array(x), np.array(y)
x, y = split_xy3(dataset, 3, 2)
# print(x, "\n", y)
print(x.shape)
print(y.shape)

x = x.reshape(x.shape[0], x.shape[1] * x.shape[2])
print(x.shape)

#2. 모델 구성
from keras.models import Sequential
from keras.layers import Dense, LSTM

model = Sequential()
# model.add(LSTM(64, input_shape=(3, 2)))
model.add(Dense(64, input_shape=(6, )))
model.add(Dense(2))
```

```
#3. 훈련
model.compile(optimizer='adam', loss='mse')
model.fit(x, y, epochs=300, batch_size=1)

#4. 평가, 예측
mse = model.evaluate(x, y, batch_size=1 )
print("mse : ", mse)

x_pred = np.array([[9, 10, 11], [19, 20, 21]])
x_pred = np.transpose(x_pred)
x_pred = x_pred.reshape(1, x_pred.shape[0] * x_pred.shape[1])
print(x_pred.shape)

y_pred = model.predict(x_pred, batch_size=1)
print(y_pred)
```

8. RNN 모델(다입력 다:다 두 번째)

이번엔 전체 컬럼을 행 별로 잘라서 시계열 데이터를 만든 데이터로 RNN 모델을 구현해보겠습니다. 우리가 이번에 모델을 구현하려고 하는 데이터 형태입니다.

1	11	21	
2	12	22	x
3	13	23	
4	14	24	y
5	15	25	
6	16	26	
7	17	27	
8	18	28	
9	19	29	
10	20	30	

데이터를 준비하겠습니다.

```
#1. 데이터
import numpy as np
dataset = np.array([[1,2,3,4,5,6,7,8,9,10],
                    [11,12,13,14,15,16,17,18,19,20],
                    [21,22,23,24,25,26,27,28,29,30]])
print("dataset.shape : ", dataset.shape)

dataset = np.transpose(dataset)
print(dataset)
print("dataset.shape : ", dataset.shape)
```

(10, 3)의 데이터를 준비합니다. split_xy5 함수를 이용하여 데이터를 잘라줍니다.

```
def split_xy5(dataset, time_steps, y_column):
    x, y = list(), list()
    for i in range(len(dataset)):
        x_end_number = i + time_steps
        y_end_number = x_end_number + y_column

        if y_end_number > len(dataset):
            break
        tmp_x = dataset[i:x_end_number, :]
        tmp_y = dataset[x_end_number:y_end_number, :]
        x.append(tmp_x)
        y.append(tmp_y)
    return np.array(x), np.array(y)
x, y = split_xy5(dataset, 3, 1)
print(x, "\n", y)
print(x.shape)
print(y.shape)
```

x의 shape는 (7, 3, 3), y의 shape는 (7, 1, 3)으로 잘랐습니다. x의 데이트는 RNN의 input_shape에 맞으나 y값은 아웃풋에 맞으려면 2차원이 되어야 하므로 reshape하도록 하겠습니다.

```
y = y.reshape(y.shape[0], y.shape[2])
print(y.shape)
```

실행 결과입니다.

....

(7, 3)

....

y의 shape인 (7, 1, 3)을 (7, 3)으로 reshape했습니다. 모델을 구성합니다.

```
#2. 모델 구성
from keras.models import Sequential
from keras.layers import Dense, LSTM

model = Sequential()
model.add(LSTM(64, input_shape=(3, 3)))
model.add(Dense(3))
```

x의 shape가 (7, 3, 3,)이므로 input_shape는 (3, 3)이 되고 y의 shape가 (7, 3)이므로 최종 아웃풋 레이어의 Dense의 출력은 3이 됩니다. 훈련은 동일합니다.

```
#3. 훈련
model.compile(optimizer='adam', loss='mse')
model.fit(x, y, epochs=300, batch_size=1)
```

평가 예측입니다.

```
#4. 평가, 예측
mse = model.evaluate(x, y, batch_size=1 )
print("mse : ", mse)
```

mse로 평가합니다. 실행 결과입니다.

```
mse :  0.08611234345672918
```

mse는 평범한 값이 나왔습니다. 이제 predict를 할 데이터를 준비하겠습니다.

```
x_pred = np.array([[8, 9, 10],[18, 19, 20], [28, 29, 30]])
print(x_pred)
print(x_pred.shape)
```

실행 결과입니다.

```
[[ 8  9 10]
 [18 19 20]
 [28 29 30]]
(3, 3)
```

3행 3열로 출력이 되었지만 자세히 보면 뭔가 다릅니다. 열과 행이 바뀌었네요. 원래 우리에게 필요한 입력 데이터는 다음과 같습니다.

8, 18, 28

9, 19, 29

10, 20, 30

transpose를 사용하여 열과 행을 바꾸도록 하겠습니다.

```
x_pred = np.array([[8, 9, 10],[18, 19, 20], [28, 29, 30]])
x_pred = np.transpose(x_pred)
print(x_pred)
print(x_pred.shape)
```

실행 결과입니다.

```
[[ 8 18 28]
 [ 9 19 29]
 [10 20 30]]
(3, 3)
```

현재 x_pred의 차원은 2차원입니다. 3차원으로 reshape하도록 하겠습니다.

```
x_pred = x_pred.reshape(1, x_pred.shape[0], x_pred.shape[1])
```

이제 정상적인 입력값으로 변환했습니다. 예측을 하도록 하겠습니다.

```
y_pred = model.predict(x_pred, batch_size=1)
print(y_pred)
```

실행 결과입니다.

```
[[ 9.815992 19.688076 29.51742 ]]
```

원래 예상되어지는 값은 11, 21, 31인데 좀 차이가 나는 결과입니다. 하이퍼파라미터 튜닝을 통해서 좀 더 정확한 예측값으로 바꿔보세요. 전체 소스입니다.

```
#1. 데이터
import numpy as np
dataset = np.array([[1,2,3,4,5,6,7,8,9,10],
                    [11,12,13,14,15,16,17,18,19,20],
                    [21,22,23,24,25,26,27,28,29,30]])
print("dataset.shape : ", dataset.shape)

dataset = np.transpose(dataset)
print(dataset)
print("dataset.shape : ", dataset.shape)
```

```
def split_xy5(dataset, time_steps, y_column):
    x, y = list(), list()
    for i in range(len(dataset)):
        x_end_number = i + time_steps
        y_end_number = x_end_number + y_column

        if y_end_number > len(dataset):
            break
        tmp_x = dataset[i:x_end_number, :]
        tmp_y = dataset[x_end_number:y_end_number, :]
        x.append(tmp_x)
        y.append(tmp_y)
    return np.array(x), np.array(y)
x, y = split_xy5(dataset, 3, 1)

print(x, "\n", y)
print(x.shape)
print(y.shape)

y = y.reshape(y.shape[0], y.shape[2])
print(y.shape)

#2. 모델 구성
from keras.models import Sequential
from keras.layers import Dense, LSTM

model = Sequential()
model.add(LSTM(64, input_shape=(3, 3)))
model.add(Dense(3))

#3. 훈련
model.compile(optimizer='adam', loss='mse')
model.fit(x, y, epochs=300, batch_size=1)

#4. 평가, 예측
mse = model.evaluate(x, y, batch_size=1 )
print("mse : ", mse)

x_pred = np.array([[8, 9, 10],[18, 19, 20], [28, 29, 30]])
```

```
x_pred = np.transpose(x_pred)
x_pred = x_pred.reshape(1, x_pred.shape[0], x_pred.shape[1])

print(x_pred)
print(x_pred.shape)


y_pred = model.predict(x_pred, batch_size=1)
print(y_pred)
```

9. DNN 모델(다입력 다:다 두 번째)

앞에서 했던 RNN 모델을 DNN으로 변경해보겠습니다. (10, 3)의 데이터를 준비합니다.

```
#1. 데이터
import numpy as np
dataset = np.array([[1,2,3,4,5,6,7,8,9,10],
                    [11,12,13,14,15,16,17,18,19,20],
                    [21,22,23,24,25,26,27,28,29,30]])
print("dataset.shape : ", dataset.shape)


dataset = np.transpose(dataset)
print(dataset)
print("dataset.shape : ", dataset.shape)
```

x와 y를 분리해줍니다.

```
def split_xy5(dataset, time_steps, y_column):
    x, y = list(), list()
    for i in range(len(dataset)):
        x_end_number = i + time_steps
        y_end_number = x_end_number + y_column          # 수정

        if y_end_number > len(dataset):
```

```
            break
        tmp_x = dataset[i:x_end_number, :]              # 수정
        tmp_y = dataset[x_end_number:y_end_number, :]   # 수정
        x.append(tmp_x)
        y.append(tmp_y)
    return np.array(x), np.array(y)
x, y = split_xy5(dataset, 3, 1)

print(x, "\n", y)
print(x.shape)

y = y.reshape(y.shape[0], y.shape[2])
print(y.shape)
```

현재 x의 shape는 (7,3,3)이고 y의 shape는 (7,3)입니다. y는 DNN에 넣을 수 있는 출력 형태가 되었으나, x는 차원이 1개가 더 많습니다. reshape하도록 하겠습니다.

```
x = x.reshape(x.shape[0], x.shape[1] * x.shape[2])
print(x.shape)
```

실행 결과입니다.

```
(7, 9)
```

DNN에 입력할 수 있는 2차원의 형태로 변환했습니다. 모델을 구성합니다.

```
#2. 모델 구성
from keras.models import Sequential
from keras.layers import Dense, LSTM

model = Sequential()
# model.add(LSTM(64, input_shape=(3, 3)))
model.add(Dense(64, input_shape=(9,)))
model.add(Dense(3))
```

LSTM일 경우 input_shape가 (3, 3)이던 것을 DNN으로 바꾸면서 input_shape는 (3
* 3) = (9,)로 바꾸었습니다. 훈련과 평가, 예측입니다.

```
#3. 훈련
model.compile(optimizer='adam', loss='mse')
model.fit(x, y, epochs=300, batch_size=1)

#4. 평가, 예측
mse = model.evaluate(x, y, batch_size=1 )
print("mse : ", mse)

x_pred = np.array([[8, 9, 10],[18, 19, 20], [28, 29, 30]])
x_pred = np.transpose(x_pred)
x_pred = x_pred.reshape(1, x_pred.shape[0] * x_pred.shape[1])   # 수정

print(x_pred)
print(x_pred.shape)
```

x_pred의 shape는 (3, 3)입니다. DNN 모델에서 사용할 수 있도록 (1, 9)로 reshape
해줍니다.

```
y_pred = model.predict(x_pred, batch_size=1)
print(y_pred)
```

최종 실행 결과입니다.

```
mse :   9.898875288874118e-12
[[10.999997 21.000008 31.000011]]
```

mse는 아주 낮은 값이 나왔고, 예측 결과도 매우 좋게 나왔습니다.

10. RNN 모델(다입력 다:다 세 번째)

드디어 RNN에서 나올 만한 마지막 모델입니다. 물론 이외에도 많은 데이터 형태들이 존재하지만, 이 정도만 알아도 데이터 분석이나 인공지능 모델링, 특히 시계열에서는 평균 이상은 할 수 있다고 생각합니다. 데이터를 준비합니다. 전체 컬럼의 위에서부터 3행을 x로 그 다음 2행을 y로 구성하는 데이터입니다.

1	11	21
2	12	22
3	13	23
4	14	24
5	15	25
6	16	26
7	17	27
8	18	28
9	19	29
10	20	30

10행 3열 데이터를 준비합니다.

```
import numpy as np
dataset = np.array([[1,2,3,4,5,6,7,8,9,10],
                    [11,12,13,14,15,16,17,18,19,20],
                    [21,22,23,24,25,26,27,28,29,30]])
print("dataset.shape : ", dataset.shape)

dataset = np.transpose(dataset)
print(dataset)
print("dataset.shape : ", dataset.shape)
```

split_xy5 함수를 준비하여 dataset을 3행과 2행으로 나누어 줍니다.

```python
def split_xy5(dataset, time_steps, y_column):
    x, y = list(), list()
    for i in range(len(dataset)):
        x_end_number = i + time_steps
        y_end_number = x_end_number + y_column        # 수정

        if y_end_number > len(dataset):
            break
        tmp_x = dataset[i:x_end_number, :]             # 수정
        tmp_y = dataset[x_end_number:y_end_number, :]  # 수정
        x.append(tmp_x)
        y.append(tmp_y)
    return np.array(x), np.array(y)
x, y = split_xy5(dataset, 3, 2)

print(x, "\n", y)
print(x.shape)
print(y.shape)
```

실행 결과입니다.

```
(6, 3, 3)
(6, 2, 3)
```

x의 shape는 (6, 3, 3), y의 shape는 (6, 2, 3)으로 x는 RNN에 입력할 수 있는 3차원 shape가 되었으나, y는 출력 아웃풋의 shape인 2차원이 아니어서 y를 2차원으로 reshape하도록 하겠습니다.

```python
y = y.reshape(y.shape[0], y.shape[1] * y.shape[2])
print(y.shape)
```

실행 결과입니다.

```
(6, 6)
```

y의 출력에 맞는 차원으로 잘 reshape되었습니다. 모델을 구성하겠습니다.

```
#2. 모델 구성
from keras.models import Sequential
from keras.layers import Dense, LSTM

model = Sequential()
model.add(LSTM(64, input_shape=(3, 3)))
model.add(Dense(6))
```

input은 LSTM이므로 3차원의 구조를 가지고 input_shape는 (3, 3)의 구조를 가집니다. 아웃풋은 (6, 3, 2)를 2차원으로 reshape한 (6, 6)의 구조입니다. 훈련과 평가 예측입니다.

```
#3. 훈련
model.compile(optimizer='adam', loss='mse')
model.fit(x, y, epochs=300, batch_size=1)

#4. 평가, 예측
mse = model.evaluate(x, y, batch_size=1 )
print("mse : ", mse)
```

실행 결과입니다.

```
mse :  1.5408303861816723
```

mse는 1.54로 그리 썩 좋은 결과는 아닌 듯합니다. 하이퍼파라미터 튜닝이 필요합니다. 이제 새로운 예측값을 준비해서 최종 결괏값을 출력하겠습니다.

```
x_pred = np.array([[8, 9, 10],[18, 19, 20], [28, 29, 30]])
x_pred = np.transpose(x_pred)
x_pred = x_pred.reshape(1, x_pred.shape[0], x_pred.shape[1])

print(x_pred)
print(x_pred.shape)

y_pred = model.predict(x_pred, batch_size=1)
print(y_pred)
```

실행 결과입니다.

```
[[ 8.195273 18.100605 28.003513  8.989607 19.035578 29.036577]]
```

mse 결과가 별로 좋지 않아서인지, 예측값이 그리 썩 좋지 않습니다. 일반적으로 생각해본다면 11, 21, 31, 12, 22, 32가 나와야 하지만 많이 어긋나 있네요. 하이퍼파라미터 튜닝을 통해 최대한 유사값으로 맞춰보세요. 전체 소스입니다.

```
#1. 데이터
import numpy as np
dataset = np.array([[1,2,3,4,5,6,7,8,9,10],
                    [11,12,13,14,15,16,17,18,19,20],
                    [21,22,23,24,25,26,27,28,29,30]])
print("dataset.shape : ", dataset.shape)

dataset = np.transpose(dataset)
print(dataset)
print("dataset.shape : ", dataset.shape)

def split_xy5(dataset, time_steps, y_column):
    x, y = list(), list()
    for i in range(len(dataset)):
        x_end_number = i + time_steps
        y_end_number = x_end_number + y_column          # 수정
```

```
            if y_end_number > len(dataset):
                break
            tmp_x = dataset[i:x_end_number, :]              # 수정
            tmp_y = dataset[x_end_number:y_end_number, :]   # 수정
            x.append(tmp_x)
            y.append(tmp_y)
    return np.array(x), np.array(y)
x, y = split_xy5(dataset, 3, 2)

print(x, "\n", y)
print(x.shape)
print(y.shape)

y = y.reshape(y.shape[0], y.shape[1] * y.shape[2])
print(y.shape)

#2. 모델 구성
from keras.models import Sequential
from keras.layers import Dense, LSTM

model = Sequential()
model.add(LSTM(64, input_shape=(3, 3)))
model.add(Dense(6))

#3. 훈련
model.compile(optimizer='adam', loss='mse')
model.fit(x, y, epochs=300, batch_size=1)

#4. 평가, 예측
mse = model.evaluate(x, y, batch_size=1 )
print("mse : ", mse)

x_pred = np.array([[8, 9, 10],[18, 19, 20], [28, 29, 30]])
x_pred = np.transpose(x_pred)
x_pred = x_pred.reshape(1, x_pred.shape[0], x_pred.shape[1])

print(x_pred)
print(x_pred.shape)
```

```
y_pred = model.predict(x_pred, batch_size=1)
print(y_pred)
```

11. DNN 모델(다입력 다:다 세 번째)

마지막 모델입니다. 이전 RNN 모델을 DNN으로 변경하겠습니다. 데이터의 구조는 이전과 동일합니다. 데이터를 준비합니다.

```
import numpy as np
dataset = np.array([[1,2,3,4,5,6,7,8,9,10],
                    [11,12,13,14,15,16,17,18,19,20],
                    [21,22,23,24,25,26,27,28,29,30]])
print("dataset.shape : ", dataset.shape)

dataset = np.transpose(dataset)
print(dataset)
print("dataset.shape : ", dataset.shape)

def split_xy5(dataset, time_steps, y_column):
    x, y = list(), list()
    for i in range(len(dataset)):
        x_end_number = i + time_steps
        y_end_number = x_end_number + y_column          # 수정

        if y_end_number > len(dataset):
            break
        tmp_x = dataset[i:x_end_number, :]              # 수정
        tmp_y = dataset[x_end_number:y_end_number, :]   # 수정
        x.append(tmp_x)
        y.append(tmp_y)
    return np.array(x), np.array(y)
x, y = split_xy5(dataset, 3, 2)
```

이 부분은 RNN 모델과 동일하므로 그대로 사용하겠습니다. RNN을 DNN으로 구성을 변경하는 것이니 x의 차원을 3차원에서 2차원으로 바꿉니다. 현재 x의 shape가 (6, 3, 3)이므로 (6, 9)으로 차원을 바꿉니다. y 역시 현재 3차원으로 (6, 2, 3)이므로 2차원 형태인 (6, 6)으로 변경합니다.

```
x = x.reshape(x.shape[0], x.shape[1] * x.shape[2])
print(x.shape)
y = y.reshape(y.shape[0], y.shape[1] * y.shape[2])
print(y.shape)
```

실행 결과입니다.

```
(6, 9)
(6, 6)
```

x와 y가 모두 3차원에서 2차원으로 잘 reshape가 되었으므로, 바로 모델을 구성합니다.

```
#2. 모델 구성
from keras.models import Sequential
from keras.layers import Dense, LSTM

model = Sequential()
# model.add(LSTM(64, input_shape=(3, 3)))
model.add(Dense(64, input_shape=(9, )))
model.add(Dense(6))
```

LSTM 모델 레이어를 Dense 모델 레이어로 변경해줍니다. 훈련 및 평가, 예측입니다.

```
#3. 훈련
model.compile(optimizer='adam', loss='mse')
model.fit(x, y, epochs=300, batch_size=1)
```

```
#4. 평가, 예측
mse = model.evaluate(x, y, batch_size=1 )
print("mse : ", mse)
```

실행 결과입니다.

```
mse :   4.597369360204162e-11
```

mse가 상당히 좋은 값이 나왔습니다. LSTM 때보다 더 나은 결과인 것 같습니다. 새로운 데이터로 예측을 하도록 하겠습니다.

```
x_pred = np.array([[8, 9, 10],[18, 19, 20], [28, 29, 30]])
x_pred = np.transpose(x_pred)
x_pred = x_pred.reshape(1, x_pred.shape[0] * x_pred.shape[1])

print(x_pred)
print(x_pred.shape)

y_pred = model.predict(x_pred, batch_size=1)
print(y_pred)
```

입력 데이터를 reshape하는 부분을 주의 깊게 다시 확인하시기 바랍니다. (3, 3)의 shape를 (1, 3 * 3)으로 reshape해줍니다. 실행 결과입니다.

```
[[11.001287 20.999966 30.999771 12.000277 22.001503 32.004673]]
```

LSTM으로 했을 때보다 훨씬 더 좋은 결과가 나왔습니다. 분명 시계열일 경우에는 LSTM이 DNN보다 우수하다고 했는데 의외입니다. 이유는 하이퍼파라미터 튜닝과 데이터의 크기 때문입니다. 우선 파라미터 튜닝이 잘 안 될 경우에는 DNN의 경우 1차 함수(y=wx+b)를 충실히 따르기 때문에 적은 데이터에서는 더 좋은 결과가 나올 수도 있습니다. 하지만 DNN이든 LSTM이든 간에 어떤 것이 좋다는 건 결국 사용자의 주관적인 평가 결과로 나올 수 있고, 파라미터 튜닝과 전처리를 통해 더 좋은 모델을 만들 수 있습니다. 전체 소스입니다.

```python
#1. 데이터
import numpy as np
dataset = np.array([[1,2,3,4,5,6,7,8,9,10],
                    [11,12,13,14,15,16,17,18,19,20],
                    [21,22,23,24,25,26,27,28,29,30]])
print("dataset.shape : ", dataset.shape)

dataset = np.transpose(dataset)
print(dataset)
print("dataset.shape : ", dataset.shape)

def split_xy5(dataset, time_steps, y_column):
    x, y = list(), list()
    for i in range(len(dataset)):
        x_end_number = i + time_steps
        y_end_number = x_end_number + y_column          # 수정

        if y_end_number > len(dataset):
            break
        tmp_x = dataset[i:x_end_number, :]              # 수정
        tmp_y = dataset[x_end_number:y_end_number, :]   # 수정
        x.append(tmp_x)
        y.append(tmp_y)
    return np.array(x), np.array(y)
x, y = split_xy5(dataset, 3, 2)

print(x, "\n", y)
print(x.shape)
print(y.shape)

x = x.reshape(x.shape[0], x.shape[1] * x.shape[2])
print(x.shape)
y = y.reshape(y.shape[0], y.shape[1] * y.shape[2])
print(y.shape)
```

```python
#2. 모델 구성
from keras.models import Sequential
from keras.layers import Dense, LSTM

model = Sequential()
# model.add(LSTM(64, input_shape=(3, 3)))
model.add(Dense(64, input_shape=(9, )))
model.add(Dense(6))

#3. 훈련
model.compile(optimizer='adam', loss='mse')
model.fit(x, y, epochs=300, batch_size=1)

#4. 평가, 예측
mse = model.evaluate(x, y, batch_size=1 )
print("mse : ", mse)

x_pred = np.array([[8, 9, 10],[18, 19, 20], [28, 29, 30]])
x_pred = np.transpose(x_pred)
x_pred = x_pred.reshape(1, x_pred.shape[0] * x_pred.shape[1])

print(x_pred)
print(x_pred.shape)

y_pred = model.predict(x_pred, batch_size=1)
print(y_pred)
```

KOSPI200
데이터를 이용한
삼성전자 주가 예측

KOSPI200 데이터를 이용한
삼성전자 주가 예측

지금까지 우리는 각종 RNN의 모델 기법에 대해 공부해보았습니다. 이번 장에서는 지금까지 공부한 내용을 바탕으로 실제 주가를 RNN으로 구성해보도록 하겠습니다.

1. 주가 데이터 수집

삼성전자의 주식 가격과 KOSPI200의 가격을 이용해서, 내일의 삼성전자 주가를 예측하는 모델을 만들어 보도록 하겠습니다. 우선 삼성전자 한 가지만을 가지고 DNN과 LSTM으로 구성하여 모델을 만들어 비교해본 후, 입력 데이터가 두 가지(삼성전자, KOSPI200 지수)이므로 두 가지 데이터를 단순 DNN과 LSTM으로 구성해보고 두 번째는 앙상블(다:1)로 구현해서 비교해보도록 하겠습니다.

먼저, 데이터를 준비합니다. 필자는 증권사를 통해 2018년 5월 4일부터 현재(2020년 1월 31일)까지의 삼성전자 주가 데이터와 KOSPI200 지수를 csv 파일 형식으로 다운로드 받았습니다(https://github.com/bjpublic/deepwalk에서도 다운로드 받을 수 있습니다). 2018년 5월 8일에 삼성전자의 주가가 액면 분할했기 때문에 그 시점의 데이터를 사용합니다.

일자	시가	고가	저가	종가	거래량
2020-01-31	57,800	58,400	56,400	56,400	19,749,457
2020-01-30	58,800	58,800	56,800	57,200	20,821,939
2020-01-29	59,100	59,700	58,800	59,100	16,446,102
2020-01-28	59,400	59,400	58,300	58,800	23,664,541
2020-01-23	61,800	61,800	60,700	60,800	14,916,555
2020-01-22	60,500	62,600	60,400	62,300	15,339,565
2020-01-21	62,000	62,400	61,200	61,400	11,142,693
2020-01-20	62,000	62,800	61,700	62,400	12,528,855
2020-01-17	61,900	62,000	61,000	61,300	16,025,661
2020-01-16	59,100	60,700	59,000	60,700	14,381,774
2020-01-15	59,500	59,600	58,900	59,000	14,300,928
2020-01-14	60,400	61,000	59,900	60,000	16,906,295
2020-01-13	59,600	60,000	59,100	60,000	11,359,139
2020-01-10	58,800	59,700	58,300	59,500	16,000,170
2020-01-09	58,400	58,600	57,400	58,600	24,102,579

[그림 11-1] 삼성전자 주가 데이터

일자	시가	고가	저가	현재가	거래량
2020-02-03	280.17	286.24	279.78	284.29	68,810
2020-01-31	290.24	291.47	284.53	284.53	101,455
2020-01-30	293.27	294.11	287.09	288.37	101,535
2020-01-29	294.38	295.67	292.45	293.98	85,731
2020-01-28	294.98	296.3	291.3	292.77	130,172
2020-01-23	303.77	304.72	301.71	302.33	86,908
2020-01-22	301.79	306.52	301.16	306.08	79,333
2020-01-21	304.94	306.09	301.85	302.11	67,631
2020-01-20	304.99	307.54	304.77	305.58	78,037
2020-01-17	305.07	306.05	302.51	303.3	81,541
2020-01-16	299.93	302.91	298.95	302.78	85,707
2020-01-15	299.91	301.13	298.82	299.74	71,766
2020-01-14	302.2	303.61	300.69	301.53	92,120
2020-01-13	296.62	300.31	296.53	300.13	81,682
2020-01-10	294.8	297.17	294.17	297.06	94,157
2020-01-09	293.83	294.41	292.1	294.41	111,792

[그림 11-2] KOSPI200 지수 데이터

2. 데이터 저장

데이터를 효과적으로 사용하기 위해 우리는 csv 파일을 불러와서 numpy 파일로 저장하여 작업하도록 하겠습니다.

데이터 파일을 저장할 data 폴더를 작업 폴더 하단에 만든 뒤 csv 파일을 pandas 형태로 저장하겠습니다. 먼저 KOSPI200 데이터부터 확인하겠습니다.

```
import numpy as np
import pandas as pd

df1 = pd.read_csv(".\kospi200\data\kospi200.csv", index_col=0,
                  header=0, encoding='cp949', sep=',')
print(df1)
print(df1.shape)
```

index_col=0은 0번째 컬럼을 인덱스로 사용하겠다는 의미입니다. 이 데이터에서 첫 번째 컬럼은 '시가'입니다. header=0은 0번째 행을 헤더로 사용하겠다는 뜻입니다. 그러므로 실질 데이터는 1번째 행인 1월 31일 데이터입니다. 실행 결과입니다.

```
                  시가  ...       거래량
일자                    ...
2020-01-31  290.24  ...   101,455
2020-01-30  293.27  ...   101,535
2020-01-29  294.38  ...    85,731
2020-01-28  294.98  ...   130,172
2020-01-23  303.77  ...    86,908
...                  ...  ...       ...
2018-05-11  318.03  ...   112,400
2018-05-10  316.51  ...   120,900
2018-05-09  315.93  ...   123,610
2018-05-08  317.79  ...   141,252
2018-05-04  320.56  ...   173,911
```

```
[426 rows x 5 columns]
(426, 5)
```

2018년 5월 4일부터 2020년 1월 31일까지 총 426일분의 데이터이고 컬럼은 총 5개 (시가, 고가, 저가, 종가, 거래량)입니다(426행, 5열).

다음으로 삼성전자의 주가 데이터를 동일한 방법으로 추가해서 가져오겠습니다.

```
df2 = pd.read_csv(".\kospi200\data\samsung.csv", index_col=0,
                  header=None, encoding='cp949', sep=',')
print(df2)
print(df2.shape)
```

실행 결과입니다.

```
              시가  ...        거래량
일자                ...
2020-01-31  57,800  ...  19,749,457
2020-01-30  58,800  ...  20,821,939
2020-01-29  59,100  ...  16,446,102
2020-01-28  59,400  ...  23,664,541
2020-01-23  61,800  ...  14,916,555
...            ...  ...         ...
2018-05-11  52,000  ...  10,314,997
2018-05-10  51,700  ...  13,905,263
2018-05-09  52,600  ...  16,128,305
2018-05-08  52,600  ...  23,104,720
2018-05-04  53,000  ...  39,565,391

[426 rows x 5 columns]
(426, 5)
```

삼성전자의 주가 역시 426일분의 데이터와 5개의 컬럼(시가, 고가, 저가, 종가, 거래량)으로 준비가 되었습니다.

그런데 우리가 가져온 데이터 중 KOSPI200의 '거래량' 데이터와 삼성전자의 '모든 데이터'의 경우 수치형 데이터가 아닌 string 데이터입니다. 특히 엑셀상에서는 ',' 가 숫자의 자릿수처럼 보일 수 있으나 역시 문자입니다. 수치형 데이터로 바꾸기 위해 ','을 제거하고, 수치형 데이터로 변환하겠습니다. KOSPI200의 경우 4열의 거래량만 문자형에서 수치형으로 바꾸면 되지만, 삼성전자의 경우 5가지 모든 데이터가 문자형이므로 모두 수치형 데이터로 바꿔줍니다.

```python
# KOSPI200의 거래량
for i in range(len(df1.index)):      # 거래량 str -> int 변경
        df1.iloc[i,4] = int(df1.iloc[i,4].replace(',', ''))
# 삼성전자의 모든 데이터
for i in range(len(df2.index)):      # 모든 str -> int 변경
        for j in range(len(df2.iloc[i])):
                df2.iloc[i,j] = int(df2.iloc[i,j].replace(',', ''))
```

현재 데이터는 2020년 1월 31일부터 2018년 5월 4일까지입니다. 이 상태로 예측 분석을 하면 거꾸로 데이터를 분석하게 됩니다. 우리가 예측을 하기 쉽도록 데이터를 오름차순(최근날짜를 가장 아래로)으로 바꾸겠습니다.

```python
df1 = df1.sort_values(['일자'], ascending=[True])
df2 = df2.sort_values(['일자'], ascending=[True])
print(df1)
print(df2)
```

실행 결과입니다.

```
              시가  ...     거래량
일자                  ...
2018-05-04  320.56  ...   173911
2018-05-08  317.79  ...   141252
2018-05-09  315.93  ...   123610
2018-05-10  316.51  ...   120900
2018-05-11  318.03  ...   112400
```

```
...               ...  ...      ...
2020-01-23  303.77  ...   86908
2020-01-28  294.98  ...  130172
2020-01-29  294.38  ...   85731
2020-01-30  293.27  ...  101535
2020-01-31  290.24  ...  101455

[426 rows x 5 columns]
                시가  ...      거래량
일자                   ...
2018-05-04  53000  ...  39565391
2018-05-08  52600  ...  23104720
2018-05-09  52600  ...  16128305
2018-05-10  51700  ...  13905263
2018-05-11  52000  ...  10314997
...               ...  ...      ...
2020-01-23  61800  ...  14916555
2020-01-28  59400  ...  23664541
2020-01-29  59100  ...  16446102
2020-01-30  58800  ...  20821939
2020-01-31  57800  ...  19749457

[426 rows x 5 columns]
```

데이터가 날짜순으로 2018년 5월 4일부터 2020년 1월 31일까지 잘 정렬된 것을 확인할 수 있습니다.

3. pandas를 numpy로 변경 후 저장

이제 pandas 데이터를 numpy로 변경하겠습니다. pandas 데이터를 numpy로 바꾸는 방법은 간단합니다. pandas 데이터에 '.values'를 붙여주면 됩니다.

```
df1 = df1.values
df2 = df2.values
```

```
print(type(df1), type(df2))
print(df1.shape, df2.shape)
```

실행 결과입니다.

```
<class 'numpy.ndarray'> <class 'numpy.ndarray'>
(426, 5) (426, 5)
```

성공적으로 변경되었음을 확인했습니다. 이제 이 데이터들을 numpy로 저장하겠습니다.

```
np.save('./kospi200/data/kospi200.npy', arr=df1)
np.save('./kospi200/data/samsung.npy', arr=df2)
```

각각 kospi200.npy, samsung.npy 데이터에 저장되었습니다. 다음 파일부터는 이 두 npy 데이터를 불러서 작업하도록 하겠습니다.

현재까지의 전체 소스입니다.

```
import numpy as np
import pandas as pd

df1 = pd.read_csv(".\kospi200\data\kospi200.csv", index_col=0,
                  header=0, encoding='cp949', sep=',')
print(df1)
print(df1.shape)

df2 = pd.read_csv(".\kospi200\data\samsung.csv", index_col=0,
                  header=0, encoding='cp949', sep=',')
print(df2)
print(df2.shape)

# KOSPI200의 거래량
```

```
for i in range(len(df1.index)):      # 거래량 str -> int 변경
        df1.iloc[i,4] = int(df1.iloc[i,4].replace(',', ''))
# 삼성전자의 모든 데이터
for i in range(len(df2.index)):      # 모든 str -> int 변경
        for j in range(len(df2.iloc[i])):
                df2.iloc[i,j] = int(df2.iloc[i,j].replace(',', ''))

df1 = df1.sort_values(['일자'], ascending=[True])
df2 = df2.sort_values(['일자'], ascending=[True])
print(df1)
print(df2)

df1 = df1.values
df2 = df2.values
print(type(df1), type(df2))
print(df1.shape, df2.shape)

np.save('./kospi200/data/kospi200.npy', arr=df1)
np.save('./kospi200/data/samsung.npy', arr=df2)
```

4. numpy 데이터 불러오기

앞에서 저장한 numpy 데이터를 불러와서 사용하겠습니다.

```
import numpy as np
import pandas as pd

kospi200 = np.load('./kospi200/data/kospi200.npy')
samsung = np.load('./kospi200/data/samsung.npy')

print(kospi200)
print(samsung)
print(kospi200.shape)
print(samsung.shape)
```

실행 결과입니다. KOSPI200과 삼성전자 주가 모두 잘 불러왔습니다.

```
[[    320.56     321.       316.75      316.75 173911.    ]
 [    317.79     319.53     314.95      315.87 141252.    ]
 [    315.93     316.08     312.6       314.42 123610.    ]
 ...
 [    294.38     295.67     292.45      293.98  85731.    ]
 [    293.27     294.11     287.09      288.37 101535.    ]
 [    290.24     291.47     284.53      284.53 101455.    ]]
[[    53000      53900      51800       51900 39565391]
 [    52600      53200      51900       52600 23104720]
 [    52600      52800      50900       50900 16128305]
 ...
 [    59100      59700      58800       59100 16446102]
 [    58800      58800      56800       57200 20821939]
 [    57800      58400      56400       56400 19749457]]
(426, 5)
(426, 5)
```

5. DNN 구성하기

우리는 x의 데이터로 삼성전자의 '시가, 고가, 저가, 종가, 거래량'을 사용할 수 있습니다. 그리고 KOSPI200의 '시가, 고가, 저가, 종가, 거래량'도 사용할 수 있습니다. 입니다. 그러나 y값은 삼성전자의 '종가' 하나뿐입니다. 우선 삼성전자의 데이터만 가지고 DNN을 구성(다:1모델)해보겠습니다. 여기에 사용할 데이터는 x값으로 삼성전자의 '시가, 고가, 저가, 종가, 거래량'이고 y값으로는 삼성전자의 '종가'만 사용하도록 하겠습니다.

x의 컬럼은 총 5개이고, y의 컬럼은 총 1개입니다. 많은 426일분의 데이터가 있으므로 5일씩 잘라서 데이터셋을 구성해보겠습니다. Split 함수를 준비해보겠습니다. 우리가 자를 데이터의 형태는 다음과 같습니다.

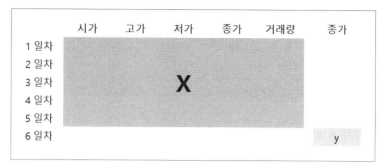

[그림 11-3] 데이터 자르기 1

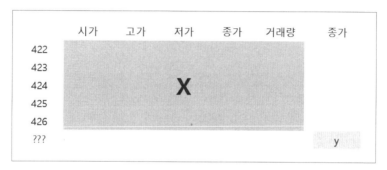

[그림 11-4] 데이터 자르기 2

그럼 우선 준비된 데이터를 split 함수를 이용해 잘라보겠습니다. 우리가 했던 split 함수 5를 약간 응용하겠습니다.

```python
def split_xy5(dataset, time_steps, y_column):
    x, y = list(), list()
    for i in range(len(dataset)):
        x_end_number = i + time_steps
        y_end_number = x_end_number + y_column          # 수정

        if y_end_number > len(dataset):                 # 수정
            break
        tmp_x = dataset[i:x_end_number, :]              # 수정
        tmp_y = dataset[x_end_number:y_end_number, 3]   # 수정
        x.append(tmp_x)
        y.append(tmp_y)
```

```
        return np.array(x), np.array(y)
x, y = split_xy5(samsung, 5, 1)
print(x[0,:], "\n", y[0])
print(x.shape)
print(y.shape)
```

tmp_x는 그대로 하고, tmp_y 부분을 수정하였습니다.

```
tmp_y = dataset[x_end_number:y_end_number, :]
```

이 부분을 다음과 같이 수정하였습니다.

```
tmp_y = dataset[x_end_number:y_end_number, 3]
```

한 행 전체를 표시하는 ':' 대신 3을 기입하여 세 번째 컬럼(종가) 데이터만을 y값에 주었습니다. 출력은 x와 y의 첫 번째 값을 사용해보도록 하겠습니다.

실행 결과입니다.

```
[[    53000     53900     51800     51900 39565391]
 [    52600     53200     51900     52600 23104720]
 [    52600     52800     50900     50900 16128305]
 [    51700     51700     50600     51600 13905263]
 [    52000     52200     51200     51300 10314997]]
 [50100]
(421, 5, 5)
(421, 1)
```

이제 x와 y의 데이터가 준비되었습니다. x는 5일분의 '시가, 고가, 저가, 종가, 거래량' 데이터이고, y는 그 다음날인 6일차의 종가 데이터입니다. 이제 이 x와 y를 이용하여 DNN 모델을 구성하겠습니다.

1) 데이터 전처리

먼저, 데이터 전처리 작업을 시작하겠습니다. 간단하게 train과 test를 분리한 뒤 train 은 70%로 하고 test는 30%로 작업하겠습니다. 이전에 배웠던 사이킷 런의 train_test_ split() 함수를 사용합니다.

```
# 데이터셋 나누기
from sklearn.model_selection import train_test_split
# from sklearn.model_selection import cross_val_score
x_train, x_test, y_train, y_test = train_test_split(
    x, y, random_state=1, test_size = 0.3)

print(x_train.shape)
print(x_test.shape)
print(y_train.shape)
print(y_test.shape)
```

실행 결과입니다.

```
(294, 5, 5)
(127, 5, 5)
(294, 1)
(127, 1)
```

train셋과 test셋이 7:3으로 잘 나뉘었습니다.

이제 사이킷 런의 StandardScaler를 이용하여 전 처리를 해보겠습니다. 그런데 여기 에서 약간의 문제가 있습니다. 우리의 현재 x 데이터의 shape는 (294,5, 5)로 3차원 입니다. 그러나 StandardScaler에서는 2차원의 구조만을 받아들입니다. 그래서 현 데이터 그대로 StandardScaler를 사용하려고 한다면 다음과 같은 ValueError가 발 생합니다.

```
ValueError: Found array with dim 3.
StandardScaler expected <= 2.
```

그래서 StandardScaler를 사용하기 이전에 x_train과 x_test의 shape를 reshape하도록 하겠습니다.

```
x_train = np.reshape(x_train,
    (x_train.shape[0], x_train.shape[1] * x_train.shape[2]))
x_test = np.reshape(x_test,
    (x_test.shape[0], x_test.shape[1] * x_test.shape[2]))
print(x_train.shape)
print(x_test.shape)
```

실행 결과입니다.

```
(294, 25)
(127, 25)
```

x_train과 y_train이 3차원(None, 5, 5,)에서 2차원(None, 25로 바뀌었습니다.) 이제 전 처리를 진행해보겠습니다.

```
#### 데이터 전처리 #####
from sklearn.preprocessing import StandardScaler
scaler = StandardScaler()
scaler.fit(x_train)
x_train_scaled = scaler.transform(x_train)
x_test_scaled = scaler.transform(x_test)
print(x_train_scaled[0, :])
```

필자는 StandardScaler로 진행하지만, 독자 여러분들은 다른 여러 가지 Scaler(MinmaxScaler) 등으로 변경해서 진행해보세요. 사용 방법은 StandardScaler와 동일합니다.

실행하여 x_train_scaled의 값이 변경된 것을 확인하겠습니다.

```
[ 1.13392563   1.07633086   1.02393741   0.93187013  -0.028819     1.05994459
  1.04756614   1.06686328   0.94933344   1.53138774   0.79093879   0.80213886
  0.84540479   0.81507608   0.10811605   0.73712199   0.68893234   0.71073997
  0.69657856   0.37360361   0.85647275   0.80021877   0.80910994   0.69442952
 -0.16973555]
```

StandardScaler가 잘 적용된 것 같습니다. 이제 모델을 구성하겠습니다.

```
from keras.models import Sequential
from keras.layers import Dense

# 모델 구성
model = Sequential()
model.add(Dense(64, input_shape=(25, )))
model.add(Dense(32, activation='relu'))
model.add(Dense(32, activation='relu'))
model.add(Dense(32, activation='relu'))
model.add(Dense(32, activation='relu'))
model.add(Dense(1))
```

모델은 간단하게 입력이 25이고 히든 레이어가 64, 32, 32, 32, 32이고 출력이 1인 Deep한 Dense모델로 구성합니다.

2) 컴파일 및 훈련, 완성

컴파일과 훈련을 시켜보겠습니다. 개선이 없는 에포가 20회 이상 나오면 조기 종료하도록 하겠습니다.

```
from keras.callbacks import EarlyStopping
early_stopping = EarlyStopping(patience=20)
```

```
model.fit(x_train_scaled, y_train, validation_split=0.2, verbose=1,
          batch_size=1, epochs=100, callbacks=[early_stopping])
```

여기서 배우지 않은 파라미터가 하나 나왔습니다. 우리는 통상 validation 데이터를 별도로 분리하였으나 validation_split을 쓰면 train셋 가운데 일부를 validation으로 쓸 수 있습니다. 0.2를 주면 train셋의 20%를 validation셋에 할당하겠다는 뜻입니다. 평가는 loss와 mse로 해보겠습니다.

```
from keras.callbacks import EarlyStopping
early_stopping = EarlyStopping(patience=20)
model.fit(x_train_scaled, y_train, validation_split=0.2, verbose=1,
          batch_size=1, epochs=100, callbacks=[early_stopping])

loss, mse = model.evaluate(x_test_scaled, y_test, batch_size=1)
print('loss : ', loss)
print('mse : ', mse)
```

실행 결과입니다.

```
Epoch 56/100
   1/235 [..............................] - ETA: 0s -
  19/235 [=>............................] - ETA: 0s -
  39/235 [===>..........................] - ETA: 0s -
  59/235 [======>.......................] - ETA: 0s -
  79/235 [========>.....................] - ETA: 0s -
  99/235 [==========>...................] - ETA: 0s -
 120/235 [=============>................] - ETA: 0s -
 139/235 [================>.............] - ETA: 0s -
 157/235 [==================>...........] - ETA: 0s -
 176/235 [=====================>........] - ETA: 0s -
 196/235 [========================>.....] - ETA: 0s -
 217/235 [==========================>...] - ETA: 0s -
 235/235 [=============================] - 1s 3ms/step - loss: 147.1619 -
mse: 147.1618 - val_loss: 14.5044 - val_mse: 14.5044
 127/127 [=============================] - 0s 1ms/step
```

```
loss :  13.2532243874496
mse :  13.253220558166504
```

loss = mse로 compile하였으므로 두 값은 같이 나옵니다. 56회에 early_stopping 되었습니다. 그러나 결과가 썩 좋은 것 같지는 않군요. 그냥 봐서는 잘 모르겠으니, 최종 5일분의 데이터로 예측값을 비교해보도록 하겠습니다. predict를 추가하여 5일분을 비교합니다.

```
y_pred = model.predict(x_test_scaled)

for i in range(5):
    print('종가 : ', y_test[i], '/ 예측가 : ', y_pred[i])
```

실행 결과입니다.

```
종가 :  [52200] / 예측가 :  [52893.63]
종가 :  [41450] / 예측가 :  [41585.05]
종가 :  [49650] / 예측가 :  [50815.31]
종가 :  [44800] / 예측가 :  [45797.594]
종가 :  [49500] / 예측가 :  [49357.59]
```

얼추 비슷하게 나온 듯합니다. 독자 여러분들은 이 소스를 응용하여 하이퍼파라미터를 튜닝하여 더 정확한 예측 데이터를 만들어보세요.

전체 소스입니다.

```
import numpy as np
import pandas as pd

kospi200 = np.load('./kospi200/data/kospi200.npy')
samsung = np.load('./kospi200/data/samsung.npy')
```

```python
print(kospi200)
print(samsung)
print(kospi200.shape)
print(samsung.shape)

def split_xy5(dataset, time_steps, y_column):
    x, y = list(), list()
    for i in range(len(dataset)):
        x_end_number = i + time_steps
        y_end_number = x_end_number + y_column # 수정

        if y_end_number > len(dataset):                 # 수정
            break
        tmp_x = dataset[i:x_end_number, :]              # 수정
        tmp_y = dataset[x_end_number:y_end_number, 3]   # 수정
        x.append(tmp_x)
        y.append(tmp_y)
    return np.array(x), np.array(y)
x, y = split_xy5(samsung, 5, 1)
print(x[0,:], "\n", y[0])
print(x.shape)
print(y.shape)

# 데이터셋 나누기
from sklearn.model_selection import train_test_split
# from sklearn.model_selection import cross_val_score
x_train, x_test, y_train, y_test = train_test_split(
    x, y, random_state=1, test_size = 0.3)

print(x_train.shape)
print(x_test.shape)
print(y_train.shape)
print(y_test.shape)

x_train = np.reshape(x_train,
    (x_train.shape[0], x_train.shape[1] * x_train.shape[2]))
x_test = np.reshape(x_test,
    (x_test.shape[0], x_test.shape[1] * x_test.shape[2]))
print(x_train.shape)
```

```
print(x_test.shape)

#### 데이터 전처리 #####
from sklearn.preprocessing import StandardScaler
scaler = StandardScaler()
scaler.fit(x_train)
x_train_scaled = scaler.transform(x_train)
x_test_scaled = scaler.transform(x_test)
print(x_train_scaled[0, :])

from keras.models import Sequential
from keras.layers import Dense

# 모델 구성
model = Sequential()
model.add(Dense(64, input_shape=(25, )))
model.add(Dense(32, activation='relu'))
model.add(Dense(32, activation='relu'))
model.add(Dense(32, activation='relu'))
model.add(Dense(32, activation='relu'))
model.add(Dense(1))

model.compile(loss='mse', optimizer='adam', metrics=['mse'])

from keras.callbacks import EarlyStopping
early_stopping = EarlyStopping(patience=20)
model.fit(x_train_scaled, y_train, validation_split=0.2, verbose=1,
          batch_size=1, epochs=100, callbacks=[early_stopping])

loss, mse = model.evaluate(x_test_scaled, y_test, batch_size=1)
print('loss : ', loss)
print('mse : ', mse)

y_pred = model.predict(x_test_scaled)

for i in range(5):
    print('종가 : ', y_test[i], '/ 예측가 : ', y_pred[i])
```

6. LSTM 구성하기

이번에는 이전 완성된 삼성전자의 DNN 모델을 이용하여 LSTM 모델로 구성해보겠습니다. 모델은 별 어려움이 없으나, 데이터의 shape를 수정해야 합니다. 먼저 이전 소스에서 모델 구성 이전의 데이터 부분을 카피합니다.

```python
import numpy as np
import pandas as pd

kospi200 = np.load('./kospi200/data/kospi200.npy')
samsung = np.load('./kospi200/data/samsung.npy')

print(kospi200)
print(samsung)
print(kospi200.shape)
print(samsung.shape)

def split_xy5(dataset, time_steps, y_column):
    x, y = list(), list()
    for i in range(len(dataset)):
        x_end_number = i + time_steps
        y_end_number = x_end_number + y_column           # 수정

        if y_end_number > len(dataset):                  # 수정
            break
        tmp_x = dataset[i:x_end_number, :]               # 수정
        tmp_y = dataset[x_end_number:y_end_number, 3]    # 수정
        x.append(tmp_x)
        y.append(tmp_y)
    return np.array(x), np.array(y)
x, y = split_xy5(samsung, 5, 1)
print(x[0,:], "\n", y[0])
print(x.shape)
print(y.shape)

# 데이터셋 나누기
from sklearn.model_selection import train_test_split
```

```
# from sklearn.model_selection import cross_val_score
x_train, x_test, y_train, y_test = train_test_split(
    x, y, random_state=1, test_size = 0.3)

print(x_train.shape)
print(x_test.shape)
print(y_train.shape)
print(y_test.shape)

x_train = np.reshape(x_train,
    (x_train.shape[0], x_train.shape[1] * x_train.shape[2]))
x_test = np.reshape(x_test,
    (x_test.shape[0], x_test.shape[1] * x_test.shape[2]))
print(x_train.shape)
print(x_test.shape)

#### 데이터 전처리 #####
from sklearn.preprocessing import StandardScaler
scaler = StandardScaler()
scaler.fit(x_train)
x_train_scaled = scaler.transform(x_train)
x_test_scaled = scaler.transform(x_test)
print(x_train_scaled[0, :])
```

우리는 데이터 전처리 이전에 데이터의 shape (None, 5, 5)를 (None, 25)로reshape 하였습니다. 이후 전처리된 데이터를 다시 (None, 5, 5,)로 reshape하여 기존 소스 데이터 부분 하단에 추가합니다.

```
x_train = np.reshape(x_train,
    (x_train.shape[0], x_train.shape[1], x_train.shape[2]))
x_test = np.reshape(x_test,
    (x_test.shape[0], x_test.shape[1], x_test.shape[2]))
print(x_train.shape)
print(x_test.shape)
```

실행 결과입니다.

```
(294, 5, 5)
(127, 5, 5)
```

3차원 shape로 잘 reshape 되었습니다. 이제 lstm 모델을 만들겠습니다. 기존 Dense 모델을 수정하겠습니다.

LSTM을 import하고, Input 레이어를 Dense에서 LSTM으로 변경, input_shape를 (25,)에서 이번에 바꾼 (5, 5)로 수정합니다.

```python
from keras.models import Sequential
from keras.layers import Dense, LSTM

# 모델 구성
model = Sequential()
model.add(LSTM(64, input_shape=(5, 5)))
model.add(Dense(32, activation='relu'))
model.add(Dense(32, activation='relu'))
model.add(Dense(32, activation='relu'))
model.add(Dense(32, activation='relu'))
model.add(Dense(1))
```

compile, early_stopping, predict는 동일합니다.

```python
model.compile(loss='mse', optimizer='adam', metrics=['mse'])

from keras.callbacks import EarlyStopping
early_stopping = EarlyStopping(patience=20)
model.fit(x_train_scaled, y_train, validation_split=0.2, verbose=1,
          batch_size=1, epochs=100, callbacks=[early_stopping])

loss, mse = model.evaluate(x_test_scaled, y_test, batch_size=1)
print('loss : ', loss)
print('mse : ', mse)

y_pred = model.predict(x_test_scaled)
```

```
for i in range(5):
    print('종가 : ', y_test[i], '/ 예측가 : ', y_pred[i])
```

실행해보겠습니다. 역시 기존 Dense 모델보다 훨씬 많은 시간이 소요됩니다. 그리고 loss 값이 잘 줄지 않는 것 같습니다.

실행 결과입니다.

Epoch 44/100

```
loss :   1609906.8891261544
mse :   1609906.625
종가 :    [52200]  /  예측가 :    [51450.69]
종가 :    [41450]  /  예측가 :    [40155.082]
종가 :    [49650]  /  예측가 :    [50907.082]
종가 :    [44800]  /  예측가 :    [45825.527]
종가 :    [49500]  /  예측가 :    [48564.38]
```

loss와 mse가 엄청납니다. 물론 종가와 예측가도 그리 썩 잘 맞은 것 같지는 않네요. 하이퍼파라미터 튜닝이 많이 필요할 듯합니다. 특히 이 모델에 쓰인 데이터의 경우 (None, 5, 5)로 사용되었으나, 이는 LSTM에서는 적용하기 애매한 데이터 shape입니다. 통상 두 번째 shape의 5가 세 번째 shape의 5보다 큽니다. 독자 여러분들은 이 부분을 reshape하고 하이퍼파라미터튜닝을 통해 예측값을 더 올려보세요.

전체 소스입니다.

```
import numpy as np
import pandas as pd

kospi200 = np.load('./kospi200/data/kospi200.npy')
samsung = np.load('./kospi200/data/samsung.npy')
```

```
print(kospi200)
print(samsung)
print(kospi200.shape)
print(samsung.shape)

def split_xy5(dataset, time_steps, y_column):
    x, y = list(), list()
    for i in range(len(dataset)):
        x_end_number = i + time_steps
        y_end_number = x_end_number + y_column        # 수정

        if y_end_number > len(dataset):               # 수정
            break
        tmp_x = dataset[i:x_end_number, :]            # 수정
        tmp_y = dataset[x_end_number:y_end_number, 3] # 수정
        x.append(tmp_x)
        y.append(tmp_y)
    return np.array(x), np.array(y)
x, y = split_xy5(samsung, 5, 1)
print(x[0,:], "\n", y[0])
print(x.shape)
print(y.shape)

# 데이터셋 나누기
from sklearn.model_selection import train_test_split
# from sklearn.model_selection import cross_val_score
x_train, x_test, y_train, y_test = train_test_split(
    x, y, random_state=1, test_size = 0.3)

print(x_train.shape)
print(x_test.shape)
print(y_train.shape)
print(y_test.shape)

x_train = np.reshape(x_train,
    (x_train.shape[0], x_train.shape[1] * x_train.shape[2]))
x_test = np.reshape(x_test,
    (x_test.shape[0], x_test.shape[1] * x_test.shape[2]))
print(x_train.shape)
```

308

```python
print(x_test.shape)

#### 데이터 전처리 #####
from sklearn.preprocessing import StandardScaler
scaler = StandardScaler()
scaler.fit(x_train)
x_train_scaled = scaler.transform(x_train)
x_test_scaled = scaler.transform(x_test)
print(x_train_scaled[0, :])

x_train_scaled = np.reshape(x_train_scaled,
    (x_train_scaled.shape[0], 5, 5))
x_test_scaled = np.reshape(x_test_scaled,
    (x_test_scaled.shape[0], 5, 5))
print(x_train_scaled.shape)
print(x_test_scaled.shape)

from keras.models import Sequential
from keras.layers import Dense, LSTM

# 모델 구성
model = Sequential()
model.add(LSTM(64, input_shape=(5, 5)))
model.add(Dense(32, activation='relu'))
model.add(Dense(32, activation='relu'))
model.add(Dense(32, activation='relu'))
model.add(Dense(32, activation='relu'))
model.add(Dense(1))

model.compile(loss='mse', optimizer='adam', metrics=['mse'])

from keras.callbacks import EarlyStopping
early_stopping = EarlyStopping(patience=20)
model.fit(x_train_scaled, y_train, validation_split=0.2, verbose=1,
        batch_size=1, epochs=100, callbacks=[early_stopping])

loss, mse = model.evaluate(x_test_scaled, y_test, batch_size=1)
print('loss : ', loss)
print('mse : ', mse)
```

```
y_pred = model.predict(x_test_scaled)

for i in range(5):
    print('종가 : ', y_test[i], '/ 예측가 : ', y_pred[i])
```

7. DNN 앙상블 구현하기

이번에는 삼성전자 데이터에 KOSPI200 데이터를 엮어서 앙상블 모델을 DNN으로 구성해보겠습니다. 먼저 저장한 npy 데이터와 split_xy5 함수를 가져오겠습니다.

```
import numpy as np
import pandas as pd

kospi200 = np.load('./kospi200/data/kospi200.npy')
samsung = np.load('./kospi200/data/samsung.npy')

print(kospi200)
print(samsung)
print(kospi200.shape)
print(samsung.shape)

def split_xy5(dataset, time_steps, y_column):
    x, y = list(), list()
    for i in range(len(dataset)):
        x_end_number = i + time_steps
        y_end_number = x_end_number + y_column            # 수정

        if y_end_number > len(dataset):                   # 수정
            break
        tmp_x = dataset[i:x_end_number, :]                # 수정
        tmp_y = dataset[x_end_number:y_end_number, 3]     # 수정
        x.append(tmp_x)
        y.append(tmp_y)
    return np.array(x), np.array(y)
```

삼성전자의 데이터와 KOSPI200 데이터를 이용하여 x1, x2, y1, y2 데이터를 만듭니다.

```
x1, y2 = split_xy5(samsung, 5, 1)
x2, y2 = split_xy5(kospi, 5, 1)
print(x2[0,:], "\n", y2[0])
print(x2.shape)
print(y2.shape)
```

x2와 y2 데이터로 데이터의 내용과 shape를 확인합니다.

```
[[   320.56    321.     316.75    316.75 173911. ]
 [   317.79    319.53   314.95    315.87 141252. ]
 [   315.93    316.08   312.6     314.42 123610. ]
 [   316.51    317.34   315.11    317.31 120900. ]
 [   318.03    319.7    317.86    318.51 112400. ]]
 [317.72]
(421, 5, 5)
(421, 1)
```

정상적으로 잘 적용이 되었습니다. 이제 train셋과 test셋을 나누겠습니다.

```
# 데이터셋 나누기
from sklearn.model_selection import train_test_split
# from sklearn.model_selection import cross_val_score
x1_train, x1_test, y1_train, y1_test = train_test_split(
    x1, y1, random_state=1, test_size = 0.3)
x2_train, x2_test, y2_train, y2_test = train_test_split(
    x2, y2, random_state=2, test_size = 0.3)

print(x2_train.shape)
print(x2_test.shape)
print(y2_train.shape)
print(y2_test.shape)
```

x2와 y2로 정상적으로 나뉘었는지 확인합니다. 실행 결과입니다.

```
(294, 5, 5)
(127, 5, 5)
(294, 1)
(127, 1)
```

정상적으로 잘 나누어졌습니다. x1과 x2의 train과 test셋을 (None, 25)의 shape로 바꿔줍니다.

```
x1_train = np.reshape(x1_train,
    (x1_train.shape[0], x1_train.shape[1] * x1_train.shape[2]))
x1_test = np.reshape(x1_test,
    (x1_test.shape[0], x1_test.shape[1] * x1_test.shape[2]))
x2_train = np.reshape(x2_train,
    (x2_train.shape[0], x2_train.shape[1] * x2_train.shape[2]))
x2_test = np.reshape(x2_test,
    (x2_test.shape[0], x2_test.shape[1] * x2_test.shape[2]))
print(x2_train.shape)
print(x2_test.shape)
```

x2값으로 실행 결과 잘 변환이 되었습니다.

```
(294, 25)
(127, 25)
```

데이터를 전처리합니다. x2_train_scaled로 결과치를 확인합니다.

```
#### 데이터 전처리 #####
from sklearn.preprocessing import StandardScaler
scaler1 = StandardScaler()
scaler1.fit(x1_train)
x1_train_scaled = scaler1.transform(x1_train)
```

```
x1_test_scaled = scaler1.transform(x1_test)
scaler2 = StandardScaler()
scaler2.fit(x2_train)
x2_train_scaled = scaler2.transform(x2_train)
x2_test_scaled = scaler2.transform(x2_test)
print(x2_train_scaled[0, :])
```

실행 결과입니다.

```
[ 0.58843327   0.533494     0.64328272
  0.57661608 -0.49913908   0.60996636
  0.54270686   0.36243605   0.29103458
  0.25643568   0.37564145   0.30537859
  0.39643403   0.3025121   -0.92269429
  0.30427131   0.31328749   0.31314525
  0.30057603  -1.24269186   0.29584292
  0.2699222    0.37789775   0.34761784
 -0.73601691]
```

잘 적용이 되었습니다. 모델을 구성합니다. 앙상블 모델이므로 함수형 모델을 사용하 겠습니다. 먼저 Model을 import한 후, 입력할 2개의 모델을 구성합니다.

```
from keras.models import Model
from keras.layers import Dense, Input
```

첫 번째 모델 구성입니다.

```
input1 = Input(shape=(25, ))
dense1 = Dense(64)(input1)
dense1 = Dense(32)(dense1)
dense1 = Dense(32)(dense1)
output1 = Dense(32)(dense1)
```

두 번째 모델 구성입니다.

```
input2 = Input(shape=(25, ))
dense2 = Dense(64)(input2)
dense2 = Dense(64)(dense2)
dense2 = Dense(64)(dense2)
dense2 = Dense(64)(dense2)
output2 = Dense(32)(dense2)
```

두 모델을 앙상블한 다음 모델을 정의합니다.

```
from keras.layers.merge import concatenate
merge = concatenate([output1, output2])
output3 = Dense(1)(merge)

model = Model(inputs=[input1, input2],
              outputs = output3 )
```

컴파일 및 훈련입니다.

```
model.compile(loss='mse', optimizer='adam', metrics=['mse'])

from keras.callbacks import EarlyStopping
early_stopping = EarlyStopping(patience=20)
model.fit([x1_train_scaled, x2_train_scaled], y1_train, validation_
split=0.2,
          verbose=1, batch_size=1, epochs=100,
          callbacks=[early_stopping])

loss, mse = model.evaluate([x1_test_scaled, x2_test_scaled], y1_test,
batch_size=1)
print('loss : ', loss)
print('mse : ', mse)

y1_pred = model.predict([x1_test_scaled, x2_test_scaled])
```

```
for i in range(5):
    print('종가 : ', y1_test[i], '/ 예측가 : ', y1_pred[i])
```

fit와 evaluat, predict 등에서 입력 변수가 2개이므로 리스트로 사용해야 한다는 것을 다시 반드시 기억하세요. 최종 실행 결과입니다.

```
loss :  1348967.9961648777
mse :  1348968.125
종가 :  [52200] / 예측가 :  [50549.504]
종가 :  [41450] / 예측가 :  [41341.992]
종가 :  [49650] / 예측가 :  [49872.363]
종가 :  [44800] / 예측가 :  [45122.33]
종가 :  [49500] / 예측가 :  [48873.23]
```

loss와 mse가 상당히 좋지 않게 나왔지만, 예측가는 대략 비슷한 언저리에서 작동되는 것 같습니다. 전체 소스입니다.

```
import numpy as np
import pandas as pd

kospi200 = np.load('./kospi200/data/kospi200.npy')
samsung = np.load('./kospi200/data/samsung.npy')

print(kospi200)
print(samsung)
print(kospi200.shape)
print(samsung.shape)

def split_xy5(dataset, time_steps, y_column):
    x, y = list(), list()
    for i in range(len(dataset)):
        x_end_number = i + time_steps
        y_end_number = x_end_number + y_column     # 수정

        if y_end_number > len(dataset):            # 수정
```

```
            break
        tmp_x = dataset[i:x_end_number, :]              # 수정
        tmp_y = dataset[x_end_number:y_end_number, 3]   # 수정
        x.append(tmp_x)
        y.append(tmp_y)
    return np.array(x), np.array(y)
x1, y1 = split_xy5(samsung, 5, 1)
x2, y2 = split_xy5(kospi200, 5, 1)
print(x2[0,:], "\n", y2[0])
print(x2.shape)
print(y2.shape)


# 데이터셋 나누기
from sklearn.model_selection import train_test_split
# from sklearn.model_selection import cross_val_score
x1_train, x1_test, y1_train, y1_test = train_test_split(
    x1, y1, random_state=1, test_size = 0.3)
x2_train, x2_test, y2_train, y2_test = train_test_split(
    x2, y2, random_state=2, test_size = 0.3)

print(x2_train.shape)
print(x2_test.shape)
print(y2_train.shape)
print(y2_test.shape)


x1_train = np.reshape(x1_train,
    (x1_train.shape[0], x1_train.shape[1] * x1_train.shape[2]))
x1_test = np.reshape(x1_test,
    (x1_test.shape[0], x1_test.shape[1] * x1_test.shape[2]))
x2_train = np.reshape(x2_train,
    (x2_train.shape[0], x2_train.shape[1] * x2_train.shape[2]))
x2_test = np.reshape(x2_test,
    (x2_test.shape[0], x2_test.shape[1] * x2_test.shape[2]))
print(x2_train.shape)
print(x2_test.shape)

#### 데이터 전처리 #####
from sklearn.preprocessing import StandardScaler
scaler1 = StandardScaler()
```

```python
scaler1.fit(x1_train)
x1_train_scaled = scaler1.transform(x1_train)
x1_test_scaled = scaler1.transform(x1_test)
scaler2 = StandardScaler()
scaler2.fit(x2_train)
x2_train_scaled = scaler2.transform(x2_train)
x2_test_scaled = scaler2.transform(x2_test)
print(x2_train_scaled[0, :])

from keras.models import Model
from keras.layers import Dense, Input

# 모델 구성
input1 = Input(shape=(25, ))
dense1 = Dense(64)(input1)
dense1 = Dense(32)(dense1)
dense1 = Dense(32)(dense1)
output1 = Dense(32)(dense1)


input2 = Input(shape=(25, ))
dense2 = Dense(64)(input2)
dense2 = Dense(64)(dense2)
dense2 = Dense(64)(dense2)
dense2 = Dense(64)(dense2)
output2 = Dense(32)(dense2)

from keras.layers.merge import concatenate
merge = concatenate([output1, output2])
output3 = Dense(1)(merge)

model = Model(inputs=[input1, input2],
              outputs = output3 )

model.compile(loss='mse', optimizer='adam', metrics=['mse'])

from keras.callbacks import EarlyStopping
early_stopping = EarlyStopping(patience=20)
model.fit([x1_train_scaled, x2_train_scaled], y1_train, validation_
split=0.2,
```

```
            verbose=1, batch_size=1, epochs=100,
            callbacks=[early_stopping])

loss, mse = model.evaluate([x1_test_scaled, x2_test_scaled], y1_test,
batch_size=1)
print('loss : ', loss)
print('mse : ', mse)


y1_pred = model.predict([x1_test_scaled, x2_test_scaled])

for i in range(5):
    print('종가 : ', y1_test[i], '/ 예측가 : ', y1_pred[i])
```

8. LSTM 앙상블 구현하기

드디어 마지막 소스입니다. 삼성전자의 주가와 KOSPI200 지수를 앙상블로 LSTM 2
개를 엮어서 삼성전자의 주가를 예측하겠습니다. 데이터는 이전 DNN 앙상블과 같
이 사용합니다. 단, shape가 이전 소스에서는 (None, 25)로 되어 있는 것을 LSTM의
shape에 맞춰서 (None, 5, 5)로 변경합니다. 데이터 전처리까지는 동일한 소스를 사
용합니다.

```
import numpy as np
import pandas as pd

kospi200 = np.load('./kospi200/data/kospi200.npy')
samsung = np.load('./kospi200/data/samsung.npy')

print(kospi200)
print(samsung)
print(kospi200.shape)
print(samsung.shape)

def split_xy5(dataset, time_steps, y_column):
```

```
    x, y = list(), list()
    for i in range(len(dataset)):
        x_end_number = i + time_steps
        y_end_number = x_end_number + y_column          # 수정

        if y_end_number > len(dataset):                 # 수정
            break
        tmp_x = dataset[i:x_end_number, :]              # 수정
        tmp_y = dataset[x_end_number:y_end_number, 3]   # 수정
        x.append(tmp_x)
        y.append(tmp_y)
    return np.array(x), np.array(y)
x1, y1 = split_xy5(samsung, 5, 1)
x2, y2 = split_xy5(kospi200, 5, 1)
print(x2[0,:], "\n", y2[0])
print(x2.shape)
print(y2.shape)


# 데이터셋 나누기
from sklearn.model_selection import train_test_split
# from sklearn.model_selection import cross_val_score
x1_train, x1_test, y1_train, y1_test = train_test_split(
    x1, y1, random_state=1, test_size = 0.3)
x2_train, x2_test, y2_train, y2_test = train_test_split(
    x2, y2, random_state=2, test_size = 0.3)

print(x2_train.shape)
print(x2_test.shape)
print(y2_train.shape)
print(y2_test.shape)


x1_train = np.reshape(x1_train,
    (x1_train.shape[0], x1_train.shape[1] * x1_train.shape[2]))
x1_test = np.reshape(x1_test,
    (x1_test.shape[0], x1_test.shape[1] * x1_test.shape[2]))
x2_train = np.reshape(x2_train,
    (x2_train.shape[0], x2_train.shape[1] * x2_train.shape[2]))
x2_test = np.reshape(x2_test,
    (x2_test.shape[0], x2_test.shape[1] * x2_test.shape[2]))
```

```
print(x2_train.shape)
print(x2_test.shape)

#### 데이터 전처리 #####
from sklearn.preprocessing import StandardScaler
scaler1 = StandardScaler()
scaler1.fit(x1_train)
x1_train_scaled = scaler1.transform(x1_train)
x1_test_scaled = scaler1.transform(x1_test)
scaler2 = StandardScaler()
scaler2.fit(x2_train)
x2_train_scaled = scaler2.transform(x2_train)
x2_test_scaled = scaler2.transform(x2_test)
print(x2_train_scaled[0, :])
```

데이터 전 처리가 완료된 시점에서 shape를 변경하도록 하겠습니다.

```
x1_train_scaled = np.reshape(x1_train_scaled,
    (x1_train_scaled.shape[0], 5, 5))
x1_test_scaled = np.reshape(x1_test_scaled,
    (x1_test_scaled.shape[0], 5, 5))
x2_train_scaled = np.reshape(x2_train_scaled,
    (x2_train_scaled.shape[0], 5, 5))
x2_test_scaled = np.reshape(x2_test_scaled,
    (x2_test_scaled.shape[0], 5, 5))
print(x2_train_scaled.shape)
print(x2_test_scaled.shape)
```

정상적으로 잘 reshape가 되었는지 x2의 데이터로 확인하겠습니다.

실행 결과입니다.

```
(294, 5, 5)
(127, 5, 5)
```

x2의 데이터가 LSTM에 잘 사용할 수 있도록 나뉘어져 있습니다. 이제 모델을 구현해 보겠습니다. LSTM의 앙상블 모델입니다. 모델 구현의 shape 부분이 (5, 5)인 것을 잘 확인하고 최종 모델 정의까지 구현합니다.

```
# 모델 구성
input1 = Input(shape=(5, 5))
dense1 = LSTM(64)(input1)
dense1 = Dense(32)(dense1)
dense1 = Dense(32)(dense1)
output1 = Dense(32)(dense1)

input2 = Input(shape=(5, 5))
dense2 = LSTM(64)(input2)
dense2 = Dense(64)(dense2)
dense2 = Dense(64)(dense2)
dense2 = Dense(64)(dense2)
output2 = Dense(32)(dense2)

from keras.layers.merge import concatenate
merge = concatenate([output1, output2])
output3 = Dense(1)(merge)

model = Model(inputs=[input1, input2],
              outputs = output3 )
```

compile과 fit은 이전 DNN 앙상블 모델과 동일합니다. x값 입력 시 리스트 형태라는 것을 주의하시기 바랍니다.

```
model.compile(loss='mse', optimizer='adam', metrics=['mse'])

from keras.callbacks import EarlyStopping
early_stopping = EarlyStopping(patience=20)
model.fit([x1_train_scaled, x2_train_scaled], y1_train, validation_
split=0.2,
          verbose=1, batch_size=1, epochs=1,
```

```
            callbacks=[early_stopping])

loss, mse = model.evaluate([x1_test_scaled, x2_test_scaled], y1_test,
batch_size=1)
print('loss : ', loss)
print('mse : ', mse)

y1_pred = model.predict([x1_test_scaled, x2_test_scaled])

for i in range(5):
    print('종가 : ', y1_test[i], '/ 예측가 : ', y1_pred[i])
```

최종 실행 결과입니다.

Epoch 38/100

에포가 38회에 종료가 되었으나, 실행 결과가 썩 좋은 것 같지는 않습니다.

```
loss :   1125525.833051306
mse :   1125525.625
종가 :   [52200] / 예측가 :   [53270.87]
종가 :   [41450] / 예측가 :   [40059.094]
종가 :   [49650] / 예측가 :   [50577.68]
종가 :   [44800] / 예측가 :   [46032.695]
종가 :   [49500] / 예측가 :   [50204.047]
```

Mse 값이 엄청 높고, 예측도 오히려 DNN이나 단순 LSTM보다 더 좋지 않은 듯합니다. 이 책에서 일관되게 모델을 만든 후 하이퍼파라미터 튜닝에 대해 언급했습니다. 독자 가운데 혹시 왜 미리 튜닝까지 된 소스를 제공하지 않는지 의아해하실 수도 있을 듯합니다. 그러나 이 책은 모델링까지는 책을 따라 하고, 튜닝은 독자 여러분들이 직접해보는 의도로 집필했습니다. 그래서 결괏값이 썩 좋지 않은 소스들이 있습니다.

하지만 최종 결괏값이 얼마인지, accuracy가 100%인지로 이 책의 소스 등을 판단하는 것은 옳지 않습니다. 이 책에서는 많은 모델을 다루면서 이런 모델도 가능하고, 저런 모델도 가능하다는 많은 경우의 수의 모델을 다루고 있습니다. 나중에 독자 여러분들이 스스로 모델을 만들 경우에도 하이퍼파라미터 튜닝은 결국 스스로 해야 하고, 그 결과에 대한 판단도 본인 몫입니다. 이 책에서 사용한 많은 소스들을 독자 여러분들이 숙지하고 튜닝하여 좋은 결괏값을 가진 소스를 많이 보유하고 많은 경험을 얻기를 바라는 것이 필자의 바람입니다.

전체 소스입니다.

```python
import numpy as np
import pandas as pd

kospi200 = np.load('./kospi200/data/kospi200.npy')
samsung = np.load('./kospi200/data/samsung.npy')

print(kospi200)
print(samsung)
print(kospi200.shape)
print(samsung.shape)

def split_xy5(dataset, time_steps, y_column):
    x, y = list(), list()
    for i in range(len(dataset)):
        x_end_number = i + time_steps
        y_end_number = x_end_number + y_column          # 수정

        if y_end_number > len(dataset):                 # 수정
            break
        tmp_x = dataset[i:x_end_number, :]              # 수정
        tmp_y = dataset[x_end_number:y_end_number, 3]   # 수정
        x.append(tmp_x)
        y.append(tmp_y)
    return np.array(x), np.array(y)
x1, y1 = split_xy5(samsung, 5, 1)
```

```
x2, y2 = split_xy5(kospi200, 5, 1)
print(x2[0,:], "\n", y2[0])
print(x2.shape)
print(y2.shape)

# 데이터셋 나누기
from sklearn.model_selection import train_test_split
# from sklearn.model_selection import cross_val_score
x1_train, x1_test, y1_train, y1_test = train_test_split(
    x1, y1, random_state=1, test_size = 0.3)
x2_train, x2_test, y2_train, y2_test = train_test_split(
    x2, y2, random_state=2, test_size = 0.3)

print(x2_train.shape)
print(x2_test.shape)
print(y2_train.shape)
print(y2_test.shape)

x1_train = np.reshape(x1_train,
    (x1_train.shape[0], x1_train.shape[1] * x1_train.shape[2]))
x1_test = np.reshape(x1_test,
    (x1_test.shape[0], x1_test.shape[1] * x1_test.shape[2]))
x2_train = np.reshape(x2_train,
    (x2_train.shape[0], x2_train.shape[1] * x2_train.shape[2]))
x2_test = np.reshape(x2_test,
    (x2_test.shape[0], x2_test.shape[1] * x2_test.shape[2]))
print(x2_train.shape)
print(x2_test.shape)

#### 데이터 전처리 #####
from sklearn.preprocessing import StandardScaler
scaler1 = StandardScaler()
scaler1.fit(x1_train)
x1_train_scaled = scaler1.transform(x1_train)
x1_test_scaled = scaler1.transform(x1_test)
scaler2 = StandardScaler()
scaler2.fit(x2_train)
x2_train_scaled = scaler2.transform(x2_train)
x2_test_scaled = scaler2.transform(x2_test)
```

```
print(x2_train_scaled[0, :])

x1_train_scaled = np.reshape(x1_train_scaled,
    (x1_train_scaled.shape[0], 5, 5))
x1_test_scaled = np.reshape(x1_test_scaled,
    (x1_test_scaled.shape[0], 5, 5))
x2_train_scaled = np.reshape(x2_train_scaled,
    (x2_train_scaled.shape[0], 5, 5))
x2_test_scaled = np.reshape(x2_test_scaled,
    (x2_test_scaled.shape[0], 5, 5))
print(x2_train_scaled.shape)
print(x2_test_scaled.shape)

from keras.models import Model
from keras.layers import Dense, Input, LSTM

# 모델 구성
input1 = Input(shape=(5, 5))
dense1 = LSTM(64)(input1)
dense1 = Dense(32)(dense1)
dense1 = Dense(32)(dense1)
output1 = Dense(32)(dense1)

input2 = Input(shape=(5, 5))
dense2 = LSTM(64)(input2)
dense2 = Dense(64)(dense2)
dense2 = Dense(64)(dense2)
dense2 = Dense(64)(dense2)
output2 = Dense(32)(dense2)

from keras.layers.merge import concatenate
merge = concatenate([output1, output2])
output3 = Dense(1)(merge)

model = Model(inputs=[input1, input2],
              outputs = output3 )

model.compile(loss='mse', optimizer='adam', metrics=['mse'])
```

```
from keras.callbacks import EarlyStopping
early_stopping = EarlyStopping(patience=20)
model.fit([x1_train_scaled, x2_train_scaled], y1_train, validation_
split=0.2,
          verbose=1, batch_size=1, epochs=100,
          callbacks=[early_stopping])

loss, mse = model.evaluate([x1_test_scaled, x2_test_scaled], y1_test,
batch_size=1)
print('loss : ', loss)
print('mse : ', mse)

y1_pred = model.predict([x1_test_scaled, x2_test_scaled])

for i in range(5):
    print('종가 : ', y1_test[i], '/ 예측가 : ', y1_pred[i])
```

에필로그

지금까지 RNN에서 나올 수 있을 법한 모델들에 대해 split 함수로 잘라가면서 살펴보았습니다. 또한, RNN을 DNN으로 변경하는 연습도 반복적으로 수행해보았습니다. 이제 독자 여러분들은 모델을 만들고 데이터를 자르는 일을 충분히 잘 해낼 거라고 생각합니다.

인공지능 개발이 어렵다고만 하는데, 사실 어려운 통계와 수학에 매달려서 초반에 절반 이상이 포기하고, 코딩을 시작하면서 머신러닝, 딥러닝 기법을 배우다가 나머지 절반이 포기하는 것이 현실입니다. 코딩까지 가기 전에 대부분이 포기하기 때문에 어렵다고 생각하지만, 사실 인공지능 개발 자체는 쉽습니다. 물론 "알고리즘을 익혀야 한다", "수학 통계를 모르고 어떻게 인공지능 개발을 하나"라고 하는 분들의 입장에서는 반론을 제기할 수도 있습니다. 사실 그렇게 공부하려면 몇 년, 아니 몇십 년 동안 공부해야 할 겁니다. 그런데 문제는 그렇게 공부를 오래 했다고 해서 인공지능 코딩을 잘할 수 있을까요?

필자는 이 책에서 그리고 현장에서 강의를 할 때 '빠른 코딩'을 강조합니다. 지금은 프로그래밍에 필요한 대부분의 API와 프레임워크가 구현되어 있습니다. 복잡한 알고리즘을 이해하는 것이 프로그래밍에 우선이기도 하지만, 어느 정도 이해됐다고 생각하면 다른 분들이 잘 만든 API와 프레임워크를 빨리 가져다 사용해보는 것도 실력입니다.

자신에게 주어진 시간이 많지 않은 상황에서 빠른 아웃풋을 내야 할 경우, 알고리즘에 기반하여 하나씩 프로그래밍을 하다 보면 오히려 생산성이 떨어질 수도 있습니다.

차라리 그 시간에 잘 만든 API와 프레임워크를 적재적소에 활용한다면 그 또한 개발 실력이라고 할 수 있습니다. 현대는 분업화 사회이고 많은 위대한 개발자들이 좋은 API와 프레임워크를 계속해서 만들어내고 있으니까요. 모쪼록 우리 나라에서도 알파고에 버금가는 인공지능이 많이 개발되어 인공지능 최강국이 되었으면 하는 바람입니다.

찾아보기

ㄱ~ㅎ

가중치	31,137
검증	57
결정계수	55
넘파이	30, 291
다:1 모델	105,119,145
다:다 모델	101, 116
사이킷 런	56
설명력	55
순차적 모델	32, 69
아나콘다	2
앙상블	69, 126, 310
절편	31,40
주가 예측	286
판다스	288
판별식	54
함수형 모델	69
회귀 모델	32

A~C

acc	31,34
accuracy	31,34
1:1 모델	99, 112
1:다 모델	110,123,151
add	93
Add	91
Average	92
average	95
bias	40

Bidirectional	173
callbacks	189
compile	34
Concatenate	93
concatenate	95

D~N

dot	95
Dot	93
EarlyStopping	189
epoch	35
fit	35
GRU	169
hypothesis	31
input	71
input_dim	38
input_shape	58
Load	199
loss	34, 35
LSTM	163, 166
LSTM 앙상블	318
mae	187
maximum	95
Maximum	92
mean absolut error	187
mean_squared_error	42, 95
merge	86
metrics	34
minimum	95

Minimum	92
MinMaxScaler	298
Model	69
monitor	189
mse	42, 95
Multiply	92
multiply	94
numpy	30, 291
numpy 저장	291

O~S

optimizer	34
pandas	288
pandas 저장	288
param	40
parameter	40
patience	189
predict	31, 44
R2	55
R2 Score	55
RMSE	54
Save	198
Sequential	99
shuffle	65
SimpleRNN	159
sklearn	54, 56
split_xy	207
StandardScaler	297
subtract	94

Subtract	91
summary()	38

T~W

TensorBoard	191
test	98
train	98
train_test_split	65
validation	42, 57
validation_data	42
values	291
verbose	184
weight	31

딥러닝으로 걷는 시계열 예측

파이썬과 케라스, 텐서플로로 주가 예측 실습해보기

초판 1쇄 발행 ┃ 2020년 2월 28일

지은이 ┃ 윤영선
펴낸이 ┃ 김범준
기획 · 책임편집 ┃ 이동원
교정교열 ┃ 최현숙
편집디자인 ┃ 한지혜
표지디자인 ┃ 김환, 김민정

발행처 ┃ 비제이퍼블릭
출판신고 ┃ 2009년 05월 01일 제300-2009-38호
주소 ┃ 서울시 중구 청계천로 100 시그니처타워 서관 10층 1011호
주문/문의 ┃ 02-739-0739   **팩스** ┃ 02-6442-0739
홈페이지 ┃ http://bjpublic.co.kr   **이메일** ┃ bjpublic@bjpublic.co.kr

가격 ┃ 24,000원
ISBN ┃ 979-11-90014-78-6
한국어판 ⓒ 2020 비제이퍼블릭

소스코드 다운로드 ┃ https://github.com/bjpublic/deepwalk